BPO《ビジネス・プロセス・アウトソーシング》の導入で会社の経理は軽くて強くなる

アウトソーシング・経理標準化の手引き

CSアカウンティング
中尾 篤史
平野 真理子
伊藤 元一 著
本郷 孔洋 監修

税務経理協会

改訂版刊行にあたって

おかげさまで「アウトソーシング時代の経理　経理標準化のすすめ」は初版から3回以上の増刷を重ねて、多くの方に活用していただきました。


「実務上参考になった事項が多く、非常に役に立った」

「うちの会社にあてはまる部分が多くて、改善の必要性を感じた」

「経理部門を変えるためのヒントになった！」


などなどたくさんのコメントをいただき、感謝しております。

ただ、実務をしている中での実感として、まだまだ経理の標準化や合理化が日本全国津々浦々に波及してはいないと感じています。これから少子高齢化が進み、必ずしも多くの陣容を経理部門にあてることができない状態が恒常化してくると思いますので、それぞれの会社が工夫をして、経理部門が強くすることができれば、日本経済の発展に寄与するものと思います。

改訂にあたっては、タイトル（書名）を一新し、アウトソーシングがより進化した形の「ビジネス・プロセス・アウトソーシング（ＢＰＯ）」という概念を説明しつつ、日本国内におけるＢＰＯの活用状況や課題のほか、経理の合理化のためのシステムの活用の仕方についても追加しております。

本書が経理の標準化や合理化を目指す方の一助になればと願ってやみません。

平成27年3月

執筆者を代表して　中尾　篤史

はじめに

「経理は、会社の機能として非常に重要だから、もっと改善をはかりたい」と考えている方々は多いと思います。

「もっとスピーディに仕上げられないか」
「より正確なものを作り上げることはできないか」
「誰にでもできる仕組みをつくりたい」

などなど多くの悩みを私どもは、経営者の方や経理部門の責任者の方から聞いてきました。そんな前向きな悩みをかかえている方の解決のためになればと思い、本書を執筆しました。

本書は単純に経理をアウトソースすればいいと伝えるものではありません。経理業務をアウトソースするには、まずは会社の経理業務の標準化をすすめることが肝要です。

私どもは、今まで１０００社以上のお客様に経理ＢＰＯのサービスを提供してきました。その中で、私どものお客様から教えていただいたり、私どもが工夫をしたりすることで、経理業務の標準化のノウハウを蓄積してまいりました。そうした実務を通じて習得した具体的なノウハウを本書には記載しておりますので、きっと読者の皆様のお役に立つことと思います。

また、経理業務を標準化した上で、さらに経理をアウトソースする会社の方のために、実務上留意すべきポイントもまとめてありますので、導入時のマニュアルとしてもお使いいただければと思います。

経理をアウトソースする場合の心得と経理業務の標準化の手法をとりまとめた本書には、次の三つの効果が期待できます。

一つめは、経理に関する悩みから解放される
二つめは、経理のコストが下がる
三つめは、本業へより多くの力を注ぐことができるようになる

変化の激しい時代において、経理部門が、より強い組織となり、会社の成長を支えるエンジンになることを願ってやみません。
本書が、企業経営者、経理部門幹部の皆様の活動の一助になれば幸いです。

平成25年4月

CSアカウンティング株式会社

中尾　篤史
平野真理子
伊藤　元一

目次

第1章　BPO導入の目的

第2章 経理部門がかかえる課題

第3章 BPO事業者選定時の留意点

第6章　経理業務の標準化・早期化

序章

アウトソーシング興隆の背景

企業の成長エンジンとして期待されているアウトソーシングについて、その生い立ちと国内、海外での普及の状況を見てみましょう。

① アメリカにおけるアウトソーシングの発展

◆アメリカ復活の原動力

日本の製造業は昨今、新興国の勢いに押されて、非常に厳しい状況になっていますが、1980年代は「ジャパン・アズ・ナンバーワン」と言われるほど、世界の市場を席巻していました。米国内においても、アメリカ企業が日本企業に圧倒されて厳しい状況となっていましたが、そんな中でアメリカが1990年代に製造業を復活させた原動力の一つと言われているのが、「アウトソーシング」です。

アウトソーシングとは、一言でいうと、外部に経営の機能の一部を委託することといえます。「外部委託」、「外注」という日本語がマッチすると思われますが、要するに、業務の一部を他社に委託することです。

アウトソーシングという業態を語るときに、アメリカでＩＴを活用してアウトソーシングを一つの産業に押し上げたＥＤＳ社の話が有名です。現在は、ヒューレッド・パッ

自社に人材が不足している場合は、外部のプロにお願いしよう

Before　買ってもうまく活用できないと…
経営陣
買ったけど宝の持ち腐れだなぁ
管理の方法がよくわからない
システム部
After　プロにアウトソーシングして有効活用
経営陣
アウトソーシング会社
プロに任せたらうまく活用できているなぁ
管理はお任せください!

カードに買収されてしまいましたが、企業のシステム部門が行っていた情報システム全般の管理を一括して受ける取引などを中心にアウトソーシングという業態を作り上げました。単にコンピュータを売るのではなく、システム部門が行っていた業務をまとめて引き受けるというサービスを始めたのです。コンピュータを購入しても、購入した会社が効率的にコンピュータを使いこなせていないという点に着目したのですね。

どんなに高価なコンピュータを購入しても、それらをうまく活用しなければ宝の持ち腐れとなります。運用面をプロに任せることによって、本来コンピュータがもっているパフォーマンスを発揮できるようにしたのです。

専門分野は専門家に任せることで委託元の効率が上がるという視点でアウトソーシングが提案され、それが認められた結果一大産業になっていったのです。

◆経理分野でも導入が進んでいる

アメリカは、サラリーマンでも個人の確定申告をする必要があります。この点に着目して、個人の確定申告のアウトソーシングを全米で引き受けて成功した会社があります。

Ｈ＆Ｒブロック社という会社です。

Ｈ＆Ｒブロック社は年商３０００億円以上もある巨大な会社で、電子申告制度も活用して、アメリカの個人の確定申告のかなりの割合を引き受けています。

それ以外でも、シリコンバレーでは、ソフトウェアの開発をアウトソーシング会社に委託するという流れはありましたが、経理業務をアウトソーシングするというのも流行っています。

日本では、まだ成熟していない経理分野でのアウトソーシングですが、アメリカでは20年～30年ほど前から確実に社会に浸透してきているのです。

◆経理業務ではＢＰＯ（ビジネス・プロセス・アウトソーシング）

アウトソーシングの中でも経理・人事・経理業務において非コア業務の業務プロセスを外部にアウトソーシングすることを、ビジネス・プロセス・アウトソーシング（ＢＰＯ）と呼び、単純に一部の業務を委託するアウトソーシングよりも幅の広い概念として使われています。

ＢＰＯサービスは欧米企業を中心に積極的に利用がされてきています。ソフトバンクの孫社長が昔からよく使っている言葉に「タイムマシン経営」というものがあります。アメリカで成功したビジネスモデルは、必ず日本でも成功するという意味で使われていますが、ＢＰＯの活用も同様といえるかもしれません。これから経営や経理業務に関わる方々には、知っておくべきビジネスキーワードの一つです。

②コア・コンピタンス経営を実践するための武器

◆専門会社への委託

アウトソーシングが注目されるようになったきっかけは、企業がコアな業務に特化して、ノンコアな業務を外部に委託するというコア・コンピタンス経営とも無縁ではありません。ここでいうコア業務とは、競合他社に対して競争優位性を獲得するためになされる業務、すなわち本業のことをいいます。これに対してノンコア業務とは、コア業務以外の業務のことを指し、実施したところで他社に対して競争優位性を獲得できないような業務をいいます。

そして、業務を実施する人という視点で考えた場合、コア業務は、どうしても社内の人間でしかできない、あるいは実施すべきである業務なのに対して、ノンコア業務は、社内の人間が管理さえすれば、外部の力を借りてもできる業務というように区分することもできます。

アメリカにおける製造業の復活やＥＤＳ社の台頭の過程でアウトソーシングが活用さ

れましたが、ノンコア業務を外部にアウトソーシングする企業の側から考えた場合、

・自分たちでなくてもできる業務は外部にお願いしよう。
・外部でも専門会社に頼めば質的に高いものが提供されるだろう。
・専門会社だからスピーディーな対応ができるだろう。

といったことを期待していたことでしょう。

つまり自社にとって必ずしも重要でないノンコア業務は、より専門性の高い外部の会社に委託して、その結果自社の経営効率を上げていったのです。

スマートフォンで世界市場を席巻しているアメリカのアップル社も自社では製品の企画、開発、マーケティングなど重要と考えられる業務を中心に行って、部品の製造や組み立てなどは、外部の専門会社に委託して高い経営効率を確保しています。

逆に言えば、アップルの周りにはたくさんのアウトソーサーが存在しているのです。

ただし、アップルから仕事をもらうためには、品質面、スピード面、コスト面ともに一定水準以上でなければなりませんので、各社しのぎを削ってアップルから委託されるべく改善・改革を行っています。

◆コア業務特化への特効薬

かつては、全ての業務を自社でこなして、他社には一切依存しないという経営スタイルもありました。しかし、これほどまでにスピードが速い時代に、得意でない分野を自社でやり続けることは、経営の非効率を生むことになってしまいます。

ですから、経営効率を高めて市場で残っていくには、次の2点を実践することが重要となってきているのです。

- ・自社の強みはどんどん活かす。
- ・自社の弱みや自社の強みとするほどでない業務は専門的な他社に委託する。

③ アダム・スミスが既に言っていた！

◆『国富論』の分業

18世紀にイギリス経済学者のアダム・スミスは『国富論』において分業の有効性を論じています。彼は、製造過程がさまざまな作業に分割されているピン工場での製造を例にとって、そうした分割された作業を別々の人が行うことによって生産性が上がると言っています。『国富論』では、一つの工場（会社）を前提とした分業が論じられていますが、視点をもう少し広くとらえて考えてみましょう。一つの会社だけではなく、外部の会社も含めたところで分業を考えると、アウトソーシングで実践されていることと同じことをアダム・スミスは200年以上も前に論じていたのです。

つまり、一つの仕事を成し遂げるのに、いくつかの工程があり、それらを一つの会社で行うのではなく、多数の専門的な会社で分担することで、一つの会社が全ての業務を行うよりも効率を上げることができるのです。

一つの会社が全ての工程に関して、非常に高い専門性を有していれば、1社で行う方が効率的かもしれませんが、そのような会社は稀でしょう。また、会社にとって重要な業務でないノンコア業務であれば、十分な経営資源が配分されていないことも少なくありません。

◆コア業務の組み合わせの方が、コア・ノンコア混合型より効率的

1社の中にコア業務とノンコア業務が混在している場合に、1社で一つの製品を作成する場合と、複数社が分業して各社のコア業務だけを組み合わせて一つの製品を作成する場合とではどちらが効率的でしょうか？

分業の効果に着目した場合は、後者の方が次のような理由から効率的ですよね。

・ノンコア業務が入らない分、ムダが少ない。
・コア業務だけなので、専門性が高く、スピードも速い。

ただ、今までの多くの日本の企業は雇用を確保するという目的もありますが、既存の組織を動かすことに敏感なため、ノンコア業務を縮小して外部に委託するということに

1社で抱え込むよりアウトソーサーを使った方が効率的になることも

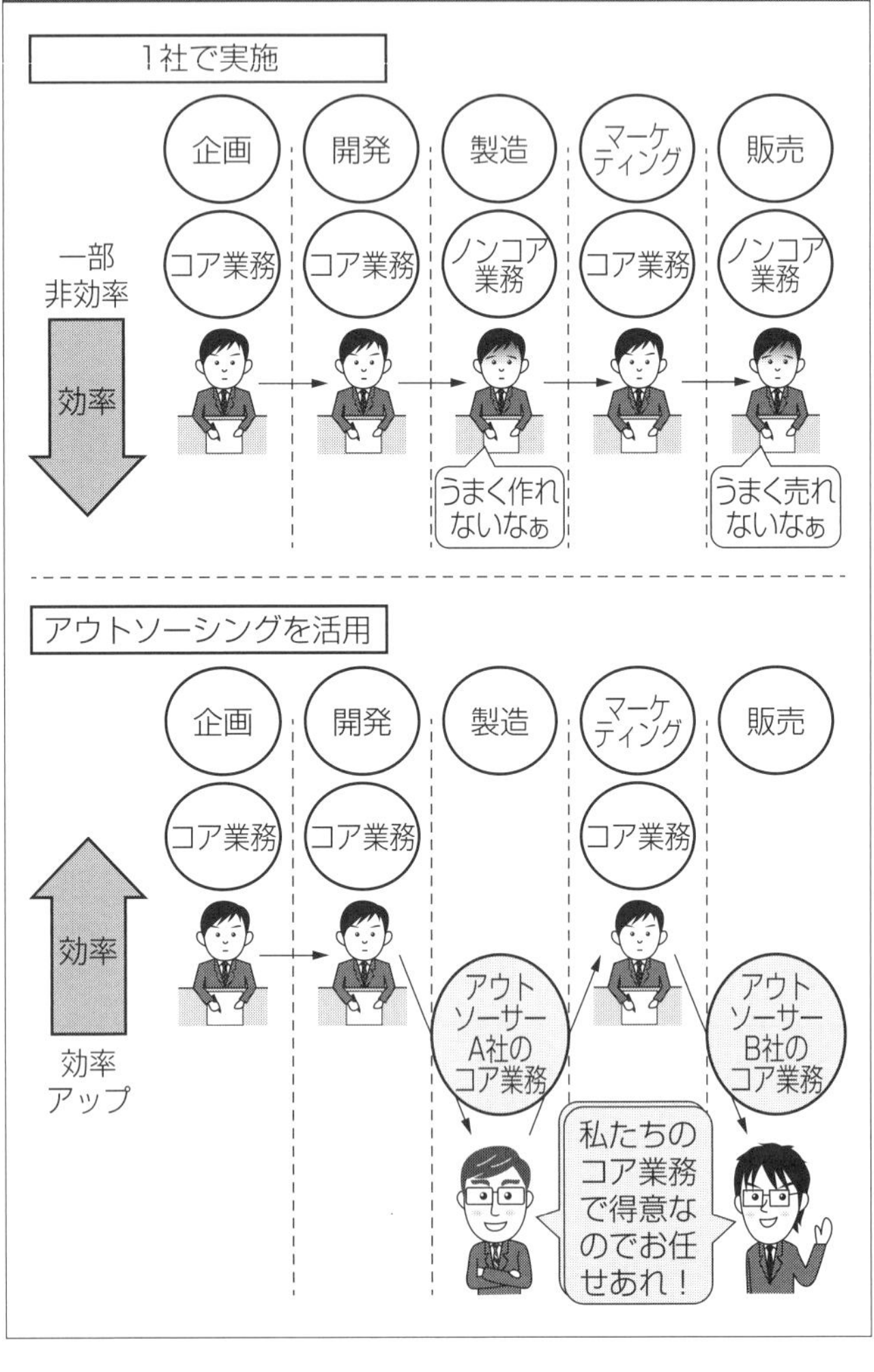

逡巡する会社も多かったと思います。しかし、最近は長引く経済の低成長や新興国の台頭による競争優位性の低下など厳しい外部環境が続いていますので、経営にメスをいれる経営者の方も増えてきています。

◆Ｗｉｎ－Ｗｉｎ関係構築のためのアウトソーシング

昔は自社で全て丸抱えする「垂直統合型」の経営スタイルの会社が多かったと思いますが、最近は自社の強みの部分は残して、主要でない部分は他社にアウトソースする「水平分業型」の経営スタイルが増えてきています。

競争や変化の激しい今の時代に市場で残っていくには、いかに自社の強みを活かしていけるかということがポイントになってきます。川上から川下まで欲張って自社で抱えるのでなく、ノンコア業務については、外部の優秀な会社と組んで市場で戦うことが自社の競争力強化につながり、同時に外部の会社にとっても、業務の拡大というメリットを享受できるのです。

このようなＷｉｎ－Ｗｉｎ関係を築く経営が時代に即した経営なのでしょう。

④ 世界と日本のBPO市場の動向

◆BPO市場は拡大中

経済産業省が2008年に総務・経理・人事業務において、非コア業務のビジネス・プロセスをITの活用などにより外部へアウトソーシングするBPOに関する報告書を発表していますが、それによると世界におけるBPOの市場規模は、2006年に2490億ドルで、2010年代には4500億ドル程度になると予想されています。

4500億ドルというと日本のGDPの10%の規模になります。いかにBPOの市場規模が大きいかがわかりますね。

BPO市場の年平均成長率も16%程度ですから、成長著しい市場であるといえるでしょう。

さらに、BPO市場のうちIT分野を含まない市場規模も1500億ドル弱で、年平均成長率は9%弱であり、IT以外の分野にBPOが浸透していることがわかります。

IT分野以外では、「財務・会計」、「人事」の分野に関してBPOの成長性が期待されています。

◆インドのBPO事業者は急成長

先ほどの経済産業省の報告書の中で、世界のBPO事業者トップ100社の所在地リストが掲載されています。アウトソーシング発祥地であるアメリカの会社が100社のうち7割程度を占めていますが、インドや中国の会社も上位にランクインしています。

BPOを導入する目的の一つにコストの削減が挙げられますが、インドなどは人件費が安いだけでなく、ITに関する知識レベルも高いので、BPOに適しているといえます。

トップ10入りしているインドのジェンパクトという会社は、アメリカのGEキャピタルからバックオフィス業務のBPOを受託して成長した会社ですが、コストの安さ以外にも社員教育を徹底して品質を向上させることで、お客様からの信頼を勝ち得ていったようです。

アメリカの会社がインドの会社に外部委託するように、海を越えて海外に業務委託するBPOのことを「オフショアアウトソーシング」ということがありますが、インターネットをはじめとしたＩＴが発展している昨今では、情報のやりとりが海を越えて行いやすいため、オフショアアウトソーシングを導入している企業も増えています。

ただ、コストが安くなるといっても委託する業務のボリュームがかなりの量にならないとコストメリットが発生することは難しいという問題もありますので、発注量とのバランスを見て検討するのが現実的です。

◆日本のＢＰＯの状況

それでは、我が国日本でのＢＰＯの状況はどうなっているのでしょうか？　海外のＢＰＯ事業者から見た場合、日本の企業は次のような課題があるためＢＰＯが進みにくいと見る面もあるようです。

- ・業務の見える化や標準化が進んでいない。
- ・全てをコア業務と考えて抱え込む会社が多い。
- ・ＢＰＯをした後に生じる余剰人員の再配置がうまく進みにくい。

確かに、業務の標準化が進まずに属人的になっていたり、人材の有効活用が難しい環境においては、ＢＰＯは進みにくいと思います。

ただ、実際にはそれらの課題を積極的に解決してＢＰＯを導入している企業も増えてきています。

ＩＴ分野を除いた日本国内のＢＰＯ市場の規模はおよそ1兆円規模にまで成長しており、世界と比較すると成長速度は低いものの、低成長のこの時代に年平均５％程度の成長がみられます。

世界的にも成長している「財務・会計」、「人事」分野のＢＰＯに関して、日本でも一定の成長がみられ、市場規模は合わせて５０００億円程度といわれています。

世界の潮流に乗り遅れずに市場で生き残っていくためにも、ＢＰＯを真剣に検討するフェーズに入っているといえるでしょう。

⑤ サービス産業の高付加価値化のために「BPO」という選択

◆サービス産業の高付加価値化がこれからの課題です

2014年に経済産業省から「サービス産業の高付加価値化に関する研究会」報告書というものが発表されました。これは、日本のサービス産業の割合は、GDPの約7割を占めており、経済に与える影響が高まっている中で、日本の再生やデフレ脱却のためにはサービス産業の生産性向上や高付加価値化が必要と考えられていることから研究会が発足され、議論を重ねた結果の成果物です。

この中では、サービス産業が目指すのは、次のような姿であるとしております。

> **サービス産業の生産性向上・高付加価値化**
> **地域社会のおける社会向上変化に対応した新サービスの創出**

後者については、地域人口の減少や少子高齢化が進む中で、需要が増大する医療や福祉のサービスをどのように対応していくべきかが検討されています。

前者に関しては、サービス産業に従事する人口も減少が予想される中で、サービス産業の高生産性・高付加価値化が実現することで、サービス産業に従事する人々の所得が拡大し、さらにサービス需要が拡大・高度化していくという好循環をいかに実現していくかという点について検討がされています。

そして、サービス産業の生産性・高付加価値化には、企業のイノベーションが必要であり、そのためには次の四つが主な対策として提示されています。

①経営人材の育成・人材の確保
②攻めのＩＴ活用の促進
③ビジネス支援サービスの活用支援
④マーケティングの強化

◆日本のサービス産業を盛り上げるＢＰＯ

この中の③ビジネス支援サービスの活用支援において、ＢＰＯサービスの活用の重要性が指摘されています。コア事業に各企業が集中できるようにして、サービス産業の高付加価値化が実現されるために、BPOサービスの活用が有益であると考えられているのです。

ただし、現状の日本におけるBPOサービスの課題として、次の三つを挙げています。

①アメリカと比較してコア業務への集中を意図したBPOサービスの活用が遅れている

2012年の比較としてアメリカの場合は、BPOの市場が約12兆円、GPP比で約0・75％であるのに対して、日本の場合は市場規模は約6630億円でGDP比約0・14％とかなり低水準となっています。

②日本のBPOサービスは、質や導入効果がわかりづらい

BPO事業者の能力を客観的に評価できる指標や認定制度がないことが日本の企業で導入が進んでいない理由の一つであるようです。

③特に中小企業への導入が遅れている

2008年において大企業においては、55・1％程度の導入がなされていますが、中小企業においては、22・8％と大企業と比べて導入率は半分以下にとどまっています。

◆中小企業へのBPO導入が望まれている

これらの課題への対応としてBPOサービスの質の「見える化」や中小企業向けのBPOサービス普及が政策として提言されています。

BPOサービスの質の「見える化」に関しては、質の認証制度の創設が検討されており、そのための基準として、

- 財務状況
- 情報セキュリティ対策
- サービス範囲の明確化
- 迅速さ
- 正確さ

等が挙げられています。

安心してＢＰＯサービスを使ってもらう体制の構築が目指されており、この結果粗悪なＢＰＯ事業者は排除されていくことになるかもしれません。

また、中小企業向けのＢＰＯサービスの普及に関しては、ＩＴの導入と合わせて実施を進めることを模索しているようです。

⑥シェアードサービスによる間接部門改革

◆大企業に導入されるＳＳＣ

間接部門におけるＢＰＯの活用が一般化してきたのに合わせて、大企業を中心にシェアードサービスという形態が普及してきています。日立製作所やオムロンなどをはじめとした日本を代表する企業がシェアードサービスを導入しています。

シェアードサービスとは、企業グループの各社で行われている間接業務を1カ所に集約して、まとめて実施することをいいます。まとめられた組織のことをシェアードサービスセンター（ＳＳＣ）と呼び、概ね次のような2形態があります。

- 本社の1部門に業務を集約してＳＳＣとしている。
- 子会社の1社に業務を集約してＳＳＣとしている。

いずれの形態を取るにしても、間接業務を行うスタッフを出向あるいは転籍させてＳ

SCに集約させます。

シェアードサービスを導入している主な目的は、次章で述べるBPO導入の目的とも合致していることが多いですが、概ね次のようなことを期待して実施されます。

- **業務の見直しと標準化によるコスト削減**
- **品質の向上**
- **間接部門のスタッフの意識改革**

うまく軌道に乗ると、間接業務が効率的に実施されることによって、全体として間接業務に割かれる時間が圧縮されて、より戦略的なことに時間を使えるようになり、結果として本社を含めたグループ全体の付加価値を高めることに貢献できます。

また、企業の経営指標が単体決算から連結決算に重きが置かれることによって、グループ全体で業務を標準化して、情報収集することの重要性が高まったこともSSCの推進に拍車がかかった一因と考えられます。

◆スタッフの意識改革がキーポイント

BPOとシェアードサービスとの大きな違いは、間接業務を実施するスタッフが自社のスタッフなのか他社のスタッフなのかということです。

SSCに移籍したスタッフに期待されていることの一つには、今までは間接部門としてお金を直接稼ぐという感覚がなかったところ、移籍後は間接業務を実施することによって、グループ会社からとはいえお金をもらうことによって、営業的視点で仕事をするということがあります。

このような視点をもつことによって、良い意味で意識改革がなされて、業務の効率化や今までできていなかった戦略的な業務が実施されるという効果が期待できるのです。間接部門のスタッフの意識改革が進み、SSC導入の目的を達成しているケースもありますが、意識改革が進まず、結果として各会社の経理部門に所属していたスタッフが単純にSSCに異動して、今までしていた間接業務を同様に行うだけとなってしまい、導入の目的が達成できていないケースも見受けられます。

これに対してBPOの場合は、実施するスタッフが外部のスタッフということもあり、委託される業務を専門としているため、意識改革をしなくとも当然プロとして高い意識で業務を実施するので、委託する側としては、意識が高いかどうかを考える必要はありません。

作業する人の顔色を伺わなくても業務を進められるというのは、委託者側にとってＢＰＯの一つの魅力かもしれません。

第1章

BPO導入の目的

BPOの導入を考え始めたときに、何がゴールなのかを考えましょう。本章では、どのようなゴールがあるのかを見ていきましょう。

① ＢＰＯ導入の目的を考えよう！

◆まずは目的をはっきりさせよう！

前章では、さまざまな業務でアウトソーシングが導入されていることを述べましたが、本章では、経理部門においてＢＰＯを導入する場合に焦点を絞って、導入の目的を考えたいと思います。何を実施するにも目的を明確にすることは重要です。目的が明確に決まっていて、方針がぶれなければ、プロジェクトはうまくいくケースが多いといえます。

逆に言えば、目的があいまいなままプロジェクトをスタートさせてしまうと途中で何のために導入しようとしたのかわからなくなり、社内の火種になりかねません。

◆優先順位を決めないとどっちつかずに…

ただ、目的を明確にするといっても、あまりにも欲張りすぎると、これも問題になりがちです。ＢＰＯを導入する場合の目的は、例えば次のようなものが挙げられますが、優先順位を付けることも忘れてはなりません。

・経営資源をコア事業に集中
・コスト削減、業務プロセスの標準化・改善
・社員の退職・異動リスクに対する業務の継続性の確保
・専門性の追求

どれも非常に重要な目的で、導入する側としては、全てが達成されれば夢のようだと思います。ただ、例えば高い専門性を追求すれば一定のコストがかかることが予想されるため、コスト削減とは相反するかもしれません。

ですから、優先順位を決めておくことが必要なのです。目的と優先順位を決めて導入すれば、必ずそのプロジェクトは成功することでしょう。

次ページ以降でＢＰＯ導入の目的について見ていきましょう。

②コアな業務に人材を投入

◆コア・コンピタンス経営を経理にも導入

１９９０年代にアメリカ企業を復活させた経営手法の一つに「コア・コンピタンス経営」があります。

コア・コンピタンス経営というのは、

・他社に真似できないような核（コア）となる能力
・他社との競争上優位となる源泉

を極めて競争力を維持していく経営手法です。つまりは、強みを伸ばして市場を席巻することが特徴です。逆に言えば他社でもできる部分に経営資源を投入することは、競争優位に寄与しないと考えられています。

コア・コンピタンス経営はＢＰＯと密接な関係にあります。

ＢＰＯを導入する企業の多くが重要視していることは、導入によって経営資源をコア業務に集中させることです。コア業務を極めていくことで他社との競争に打ち勝つことに注力し、他社でもできるノンコア業務は、他社にアウトソースすることで、その分で空いた人材等の経営資源をコア業務に投入するのです。

経理部門で考えた場合、具体的にはノンコア業務に関わっている経理の人材を経理部門のコア業務に振り向けるようにします。

◆経理部門のコア業務、ノンコア業務とは？

それでは、経理部門において何がコア業務にあたって、何がノンコア業務になるのでしょうか？　もちろん会社の規模やステージによってコア・ノンコアの位置付けは異なると思いますが、概ね次のように区分できるのでないでしょうか。

まず、他社にＢＰＯすべきでないコア業務としては次のような業務が考えられます。

・予算管理
・投資戦略・買収戦略策定

・管理会計、原価計算体系の設計

将来の投資や適切な経営評価を行うための管理会計の設計など、未来の数字を作ったり、企業の将来設計に影響する部分については、他社に依存するべきではなく、自社で実施することが重要であると考えられます。これらのノウハウは社内に蓄積して毎年バージョンアップをはかっていくことによって、他社との競争を優位に進める源泉となり得ます。

次にノンコア業務として位置付けられる業務には、何があるでしょうか？　経理部門は会計や税法のルールに基づいて、後付けで処理を行う業務も多いため、一定の知識は必要となりますが、ある意味そのルールを知ってさえいれば、誰が行っても結果は変わらないという業務も多く、これらは会社のコア業務とはいえないでしょう。

ですから、次に挙げるような過去の数字をとりまとめる業務は、ノンコア業務としてBPOしたとしても会社の成長や他社との差別化には大きな影響を及ぼさないと考えられます。

・帳簿作成
・決算・税務処理
・請求書発行等の販売管理
・取引業者への支払処理
・社員経費精算処理

このように考えると

・未来の数字に関する業務はコア業務として社内でノウハウを蓄積する。
・過去の数字に関する業務はノンコア業務としてＢＰＯすることも視野に入れる。

と整理できます。

③コストダウンも合わせて模索する

◆人材のミックスでコストが削減できる

ＢＰＯを導入する際の動機の一つに「コスト削減」があります。

機械に置き換わるような業務であれば、人件費が浮いてコストが下がるということも納得がいくと思いますが、どうしても人が作業をしなければならない業務も多いため、そのような業務にかかるコストが削減できるのか疑問に思われる方もいると思います。

それでは、なぜコスト削減が可能なのでしょうか？　経理部門の人員が少ない場合で考えてみましょう。経理業務は難易度に応じて概ね三つのレベルに分けられます。

- 単純な入力業務
- 簿記や会計等の一定の知識を要する業務
- 高度な判断や専門性を要する業務

例えば、経理部員の人件費予算が1名しか確保できない場合に、右のような三つのレベルの仕事をこなすには、どのような人材が必要でしょうか？　難易度の高い業務もこなせるような人材を確保することができれば、業務は完了すると思います。しかし、そもそもハイスペックな人材のコストが高い上に、単純な業務をそのようなハイスペックの人材に行ってもらうと効率も悪くなり、全体的なコストは増加します。

では、比較的人件費の安い人を採用した場合はどうでしょうか？　この場合は、単純な業務や多少の知識で対応できる業務は、こなせるかもしれませんが、より高度な業務は実施ができず、その部分については外部の専門家に別途依頼することになり、結果としてコスト高になる可能性があります。それ以外の方法として、安い人件費の人とハイスペックだけど人件費の高い人との2名を採用するという選択肢をとることもあると思いますが、この場合は2名分の人件費がかかるので、これまた高コストになりそうですね。

それでは、BPOの場合は、どのような仕組みでコストがさがるのでしょうか？　BPO事業者も人材を採用する必要がありますが、三つの難易度の業務ごとにそれぞれこなせる人材を採用します。そして、それらの人材をうまくミックスさせて業務をこなすように調整します。

BPO事業者であれば、他社からも業務を受託しているので繁閑を調整して業務に対応させることができます。自社の業務しかなければ、繁忙期に合わせて人を採用した場合、閑散期は非常に暇になってしまいますし、閑散期に合わせて採用した場合は、繁忙期は人員が不足して業務が回らなくなってしまいます。

BPO事業者の場合は、人件費の高い人材と低い人材を業務内容に応じて配置することで、全体のコストを一定水準に押さえることができるのです。

◆固定費から変動費へ

また、BPOを導入すると間接部門のコストを固定費から変動費に変えられることも魅力の一つです。

間接部門の人件費は、会社の業績に関係なく一定にかかるという意味で通常固定費として考えられます。ただ、BPOを導入した場合、BPOの報酬は、取引量等に応じて増減することになりますので、会社が忙しくなればコストは増加しますが、会社の業績が芳しくなく取引量等が減った場合は報酬が下がります。

このように通常固定費として扱われるコストが変動費化することも魅力なのです。

BPOによるコストダウンの仕組み

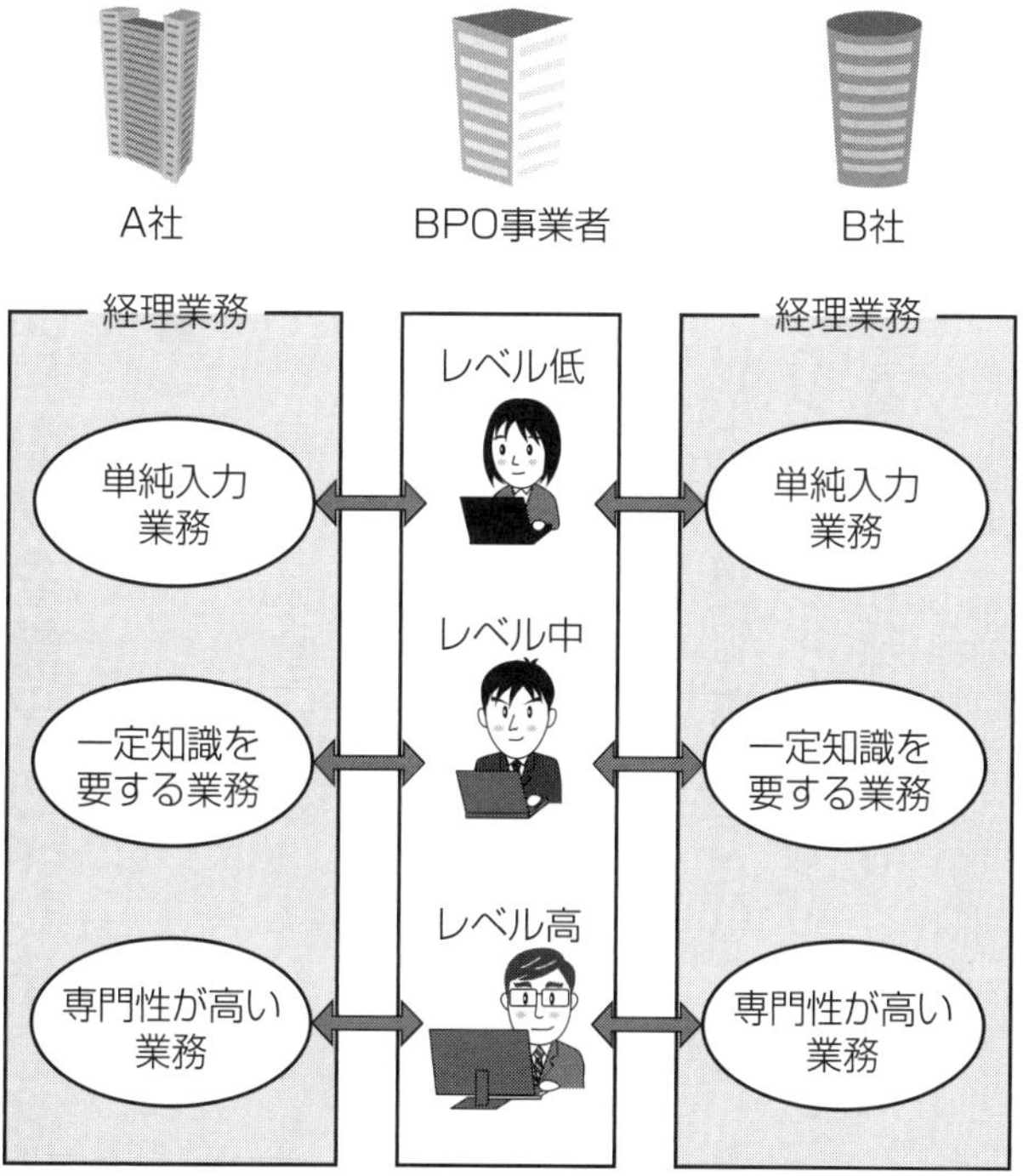

提供するサービスの難易度ごとにさまざまな能力レベルのスタッフを配置し、複数社にサービスを提供することでコストダウンを実現！

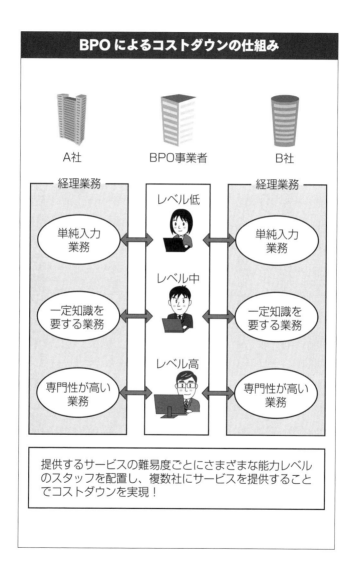

④この際業務プロセスも変えちゃいましょう

◆現状維持が生む非効率

前項ではコストダウンについて触れましたが、コストダウンを可能にするのは何も人件費だけではありません。

日常業務を振り返ってみると次のようなことってないでしょうか?

・昔からの書式だから使っているが、似たような書類がいくつもありムダに書類作成をしている。
・部門間の連携が悪く、似たような業務を両部門で行っており、ムダが生じている。
・システムを導入したけれど機能をうまく使いこなせていないため、システムとは別にＥｘｃｅｌ等で別途管理資料を作成している。

などなどあえて複雑にしているわけではないのに、いつの間にかシンプルでない業務プロセスになってしまうことはままあります。

ついつい現状を変えることなく業務を遂行しているうちに、それがあるべきルールのようになってしまい、業務効率が悪くなってしまうのです。

業務効率が悪い中で業務を実施していれば、当然業務にかかる時間が長くなり、その分コストもかかります。また、業務プロセスが複雑になっていれば、間違えも起こりやすく、手戻りの時間も加味するとコストが増加することになってしまいます。

業務プロセスの改善を通じて、コストダウンをはかることも可能なのです。

業務プロセスの改善がうまくいくと次のような果実を得ることができます。

・システムを有効活用して作業時間が大幅に減った。
・業務がシンプルになって作業時間が削減された。
・業務が標準化されて、能力が低いスタッフでも作業ができるようになった。
・マニュアルができたので、人員の入れ替えが可能になった。

◆外部だからドライに言えることもある

業務の非効率を改善するためにＢＰＯを導入する企業も多くあります。

ＢＰＯを導入する際は、単純に現状の業務プロセスのまま業務を移管するのではなく、現状分析を行って、効率化できる部分を抽出します。そして、業務プロセスの改善をはかった上でＢＰＯを実施するのが一般的です。

もちろん、ＢＰＯを導入しなくても業務プロセスの改善をはかることは可能です。ただ、同じ社内の人間同士で、現状の業務プロセスを見直すということは、過去にその業務プロセスを導入した社内の誰かを責めることになってしまい、なかなか前に進まないものです。

そこで、外部のＢＰＯ事業者を入れて、『業務の見直しを含めてＢＰＯを実施しよう』という方針ができれば、否が応でも現状分析から始まって課題や問題点を抽出して業務プロセスを改善することになります。ＢＰＯ事業者は社外の人間なので、社内の人間が言えないようなことも第三者という立場を活かして言うことができます。

業務プロセスを変更することで生まれる効果

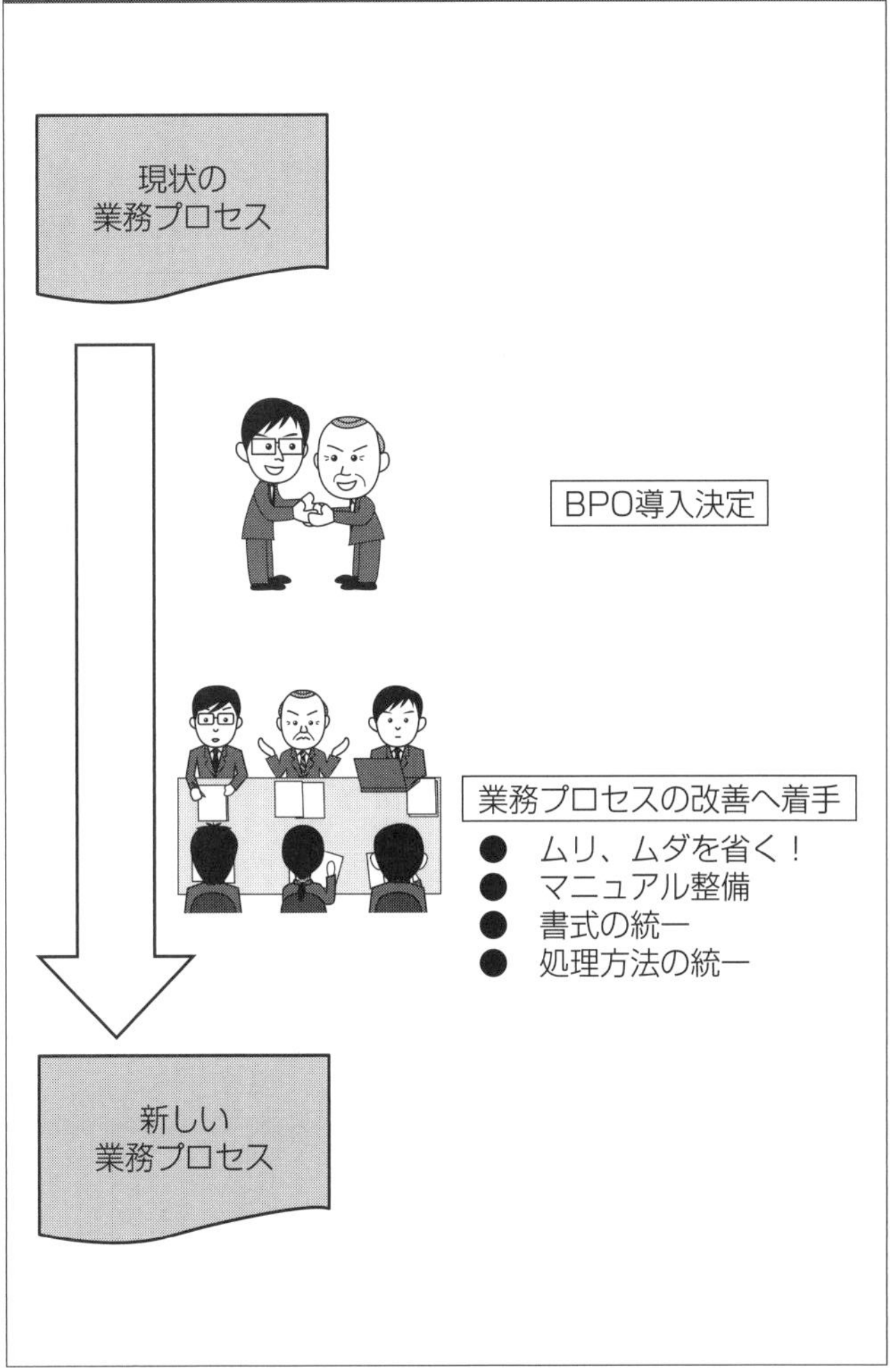

⑤専門的知識・スキルの活用

◆専門家に任せた方がいい分野もある

ＢＰＯを導入する企業がコア業務への集中、コストダウンに続いて導入目的に挙げていることは、外部の専門的なスキルを活用することです。

これは、ＢＰＯ事業者に品質も期待していることを意味しているのでしょう。

コストダウンだけを目的にＢＰＯを実行した結果、「安かろう、悪かろう」になってしまっては、本末転倒ですものね。専門性を求める背景には、**会計や税務の内容がめまぐるしく変わってきて、情報をキャッチアップするのが大変になってきている**という事実も影響しています。

会計の分野でいえば、国際的な流れに合わせることも影響して、毎年かなりの改正が入ってきています。

また、中小企業であっても、金融機関に決算書を提出する際は、一定の会計ルールに則った処理をしなければ金利の優遇を受けられなくなっており、高度な会計処理をすることが求められていますし、税務の分野でも、税制改正は毎年行われており、何らかの影響を受けることになっています。

会計も税務も知っているか知らないかというだけの話もありますが、全ての情報をキャッチアップするのは大変なことです。

そこで、分野ごとにその道の専門家にＢＰＯした方が、効率的ともいえるのです。

◆経験度数がＢＰＯ事業者の専門性を高めている

それでは、どうしてＢＰＯ事業者は専門性が高いと期待できるのでしょうか？

もちろん専門家としてのプロ意識が高く、職業柄多くのことを学ぶ習性があるということもあるでしょうが、一番の理由は、多数のお客様にＢＰＯサービスを提供することによって、さまざまなケースにぶつかり、それを解決することによってノウハウがたまっているからです。１社の経理しか行わなければ経験することのない課題も、１００社の経理を行うと経験することもあり得ます。ＢＰＯ事業者は、そういった経験を他のお客様に提供できるのです。

このようにケーススタディが増えれば増えるほどＢＰＯ事業者の専門性が高まり、そ

専門性が求められている背景

●会計・税務の改正の多さ

●複雑化する会計・税務分野

●コストが下がっても質が下がったら本末転倒

●BPO事業者は他社事例が豊富

れを活用する企業はその専門性を享受できるのです。BPOを導入して、専門性が担保されれば、外部委託した業務に関しては品質を気にする必要性が極めて低くなり、結果として、本来注力すべきコア事業に会社は集中できます。

したがって、専門性を求めてBPOを検討することは、コア・コンピタンス経営を支えることになるのです。

⑥買収して拡大している企業には有効的です

◆買収後はプロセスを統一しよう

企業の成長エンジンとして買収を戦略的に活用している企業は増えてきています。自社でコツコツとビジネスを育成させるよりも、少々高くとも企業を買ってきた方が、時間を買えるということで企業買収は花盛りです。ただ、ここで忘れてならないことは、買ってきた企業にも管理部門があり、その中に経理部門もあるということです。

企業買収をする際は、ビジネスに目がいってしまい、バックオフィス業務に関しては、あまり検討がなされず後回しになる傾向も強いといえます。企業買収を成功させている会社の場合、買収前にバックオフィス業務まで考慮して買収を進めています。

多くの場合は、**『買収後は買収先の経理部門の業務プロセスを本社グループと統一化させる』**ということを念頭に買収を行います。

買収して会社が増えるつど、各社が各様の流れで業務を進めてしまった場合、多くの非効率が生まれます。

例えば、勘定科目体系一つとっても本社がグループ全体に決めた体系を各子会社が踏襲してくれれば、連結決算を組む場合には、ムダに組み替えをする必要はありません。また、他社と財務数値を比較するときも同様に組み替えをすることなく比較ができます。

他にも各社が各様のシステムを導入した場合にはシステムごとにプロセスが異なってきて、効率が悪くなる可能性もあります。もちろん本社が使っているシステムを比較的規模の小さな子会社に導入した場合は、システム代金がかかり過ぎるという問題もありますので、導入するシステムを、

・比較的規模の大きな企業群には、ERPシステムを導入する。
・比較的規模の小さな企業群にはコストを抑えたアプリケーションを入れる。

といったように二つの選択肢を設けている企業もあります。

こうすれば、業務プロセスは大きくは二つだけとなり、同一システムを利用している場合は、子会社間で人材の異動をしても比較的スムーズに業務に携わることができ、人材の代替性を高めることにも寄与します。逆に言うと買収後の経理部門の業務プロセス

を本社が指向する方針に統一しないままにしておくと、非効率を生むことになります。

◆第三者を使うと円滑な融和がはかりやすいこともある

買収後のプロセスの統一ですが、言うのは簡単ですが、実施するのは難しい面もあります。なぜなら、違ったカルチャーで業務をしてきた社員が、簡単に今までのカルチャーを捨てきれないからです。『変化を嫌う』というのは、潜在的に人間が持っている特性ではないかと思うくらい、何かを変えるときは人間抵抗するものですよね。買収した側が無理矢理買収先に乗り込んで、業務プロセスを変更させようとすると、せっかくの買収にしこりが発生しかねません。

そこで、本社が指向する業務プロセスを理解しているＢＰＯ事業者に業務プロセスの変更を依頼するケースがあります。この場合、買収先の経理部門の社員がそのまま経理部門に残る場合は、ＢＰＯ事業者は新たな業務プロセスを社員に伝授することに注力します。経理部門の社員を他の業務に投入する場合は、ＢＰＯ事業者は現状の業務プロセスを本社が指定する業務プロセスへ乗せ替えます。このように買収後の管理業務を効率化させるためにＢＰＯを利用するということも有効な手段なのです。

買収で会社が増えても業務プロセスは統一したままで！

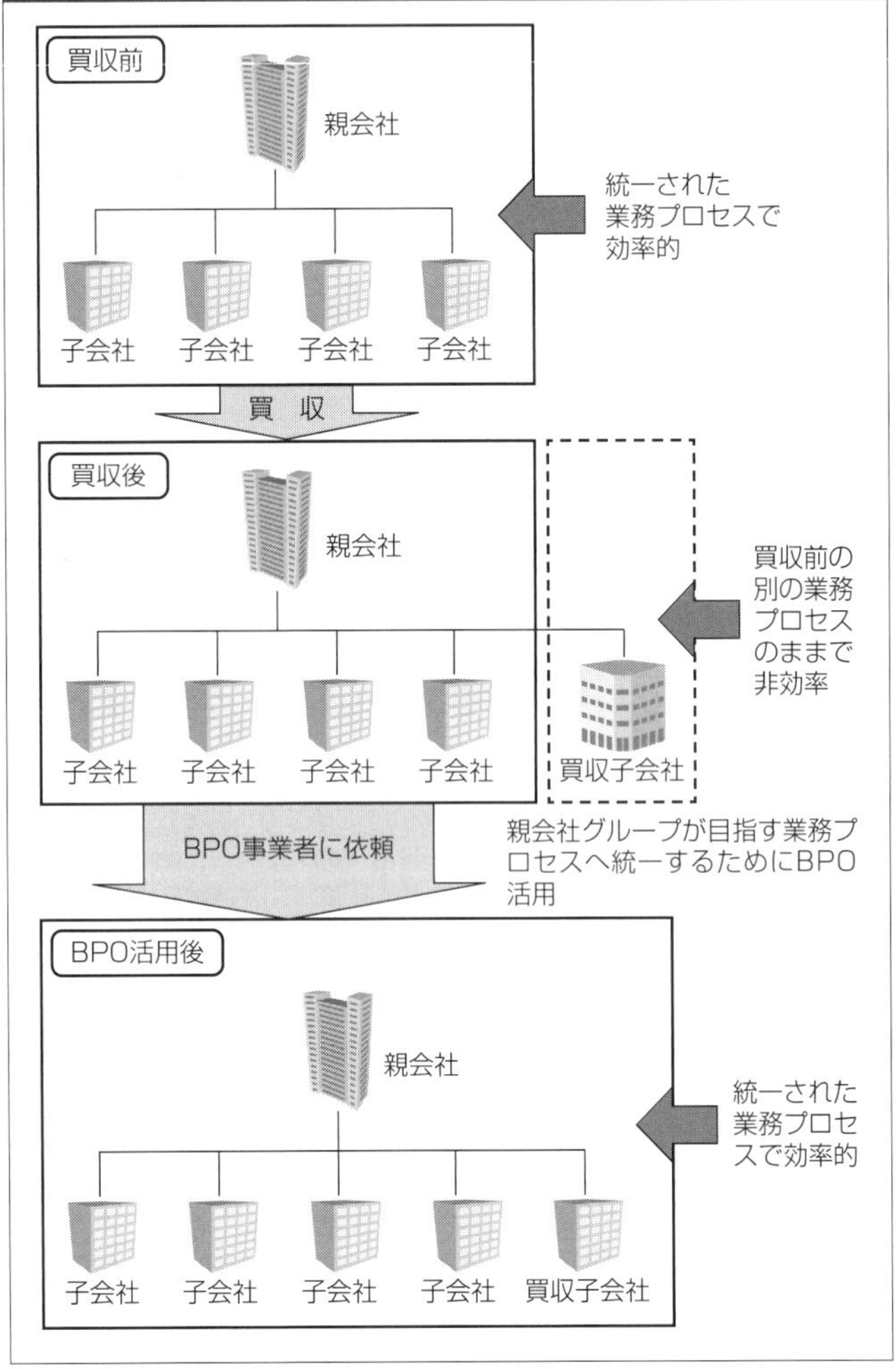

第2章

経理部門がかかえる課題

本章では、経理部門がかかえている課題について見ていきます。ＢＰＯがそれらの課題の特効薬になることもあるのです。

① 経理部員が安定していればいいのですが…

◆育てた経理部員が退職した場合は結構痛い…

採用した社員を一人前に育てていくことは大変なことです。経理部門の社員も例外ではなく、一人で一通りの業務ができるようになるには、かなりの年数がかかります。

育てあげた社員が安定して働いてくれればいいのですが、ここで恐ろしいのが、「退職させていいただきたいのですが」発言です。大企業の経理部門のように大人数を抱えている部門であれば、1名退職者が出る程度ではそれほど痛手ではありませんが、経理部門の人員が少ない次のような会社では、部門の立て直しはかなり大変なことです。

- 経理部員が少ない中小企業
- 経理部員の育成が途上の新興企業
- 大企業の子会社で経理部員が1、2名しかいない会社このような会社で経理のベテラン社員が抜けると、一気に経理のレベルが落ちてしまうことがあります。引き継ぎに十分な時間と引き継ぐ側に必要なマニュアルが完備してあればいいのですが、そのような条件が備わっていないケースが多いからです。

人材の流動化が進んでいる昨今においては、安定した経理部門を作るということも重要な会社のテーマとなってきています。

◆ルーティンワークからの解放を！

経理部門のスタッフが退職してしまう理由の一つには、次のようなことが挙げられます。

- ・仕事が安定してくると業務内容がマンネリ化してきて飽きてしまう。
- ・ルーティンワークばかりしていて、付加価値の高い仕事をする機会がない。

社員の気持ちもわかりますよね。来る日も来る日も同じような伝票を入れ、送金処理をして、決算を組んで、といったような単純業務ばかりが続いていたら、仕事に飽きてきて他の会社に転職したくなるかもしれません。

このような問題を解決するには、社員により付加価値の高い仕事をしてもらうことが必要になってきます。ただ、そこで問題になるのは、社員がしたくないと考えているようなルーティンワークを誰かがしなければならないということです。

経理部門にたくさんのスタッフがいれば、若手の社員にそのような仕事は任せ、退職予備群に、より高度な仕事を任せることができれば、モチベーションの維持ができて、退職されるというリスクは回避できると思います。

しかし、残念ながら経理部門の人数が少ない会社にはそのような手法がとれないことが問題なのです。

そんな悩みを解決してくれる一つにＢＰＯがあります。ルーティンワークを外部にＢＰＯして、付加価値の高い仕事を社員に任せるのです。

◆採用・教育にかかるコストが意外に大きいという事実

もう一つ忘れてならないことが、退職後に社員を採用するにしても、多額のコストがかかるということです。新規に採用して、一人前に育てるには、次のようなコストがかかります。

- ・採用のための募集コスト
- ・採用面接をする面接官の人件費
- ・入社後に行われる研修コスト（教える側のコストもばかになりません）

どんなにコンピュータが発達して、経理処理が機械化されても最後は人間が判断をし、作業を行います。社員が辞めてしまうリスクがいつもある以上は、それへの備えが必要になってきます。ＢＰＯは、そんな悩みを解決する一つの方法なのです。

② 社内改革しようとすると抵抗勢力が出てくるという悲しさ

◆ネガティブ思考が蔓延したら改革は頓挫します

郵政民営化を掲げて突き進む小泉首相が、邪魔をする人たちのことを「抵抗勢力」といってこき下ろしていましたよね。実際改革を行おうとすると、改革の内容がどんなに良くても既得権で生きている人たちの反対でうまく進まないというケースは枚挙にいとまがありません。経理部門もその例外ではありません。社内で業務効率を上げようと経理部門が改善計画を練ってもうまく進まないケースが多いですよね。

そもそも抵抗勢力といわれる人は、どう考えているのでしょうか？

- 業務プロセスが変わると自分の仕事がなくなってしまうのではないかと心配
- 新しい業務プロセスに慣れるのが面倒
- 自分の仕事が増えそうでイヤ

などなどネガティブな考えです。

◆粛々とBPOで改革を進めてみましょう

抵抗勢力がいるので諦めますか？　そんなときに使える手段の一つにＢＰＯの導入があるのです。例えば、経費の仮払や精算を小口現金で行っている会社が、効率化のため小口現金制度を廃止して、社員が立て替えた後に振込で精算する方式に変更するという方針を出したとしましょう。今まで現金ですぐに精算できたのができなくなるのですから、多くの人は反対しますよね。経理部門が改革したくても営業など現場の反対でつぶされてしまうことはままあります。そこで、経費の精算業務をＢＰＯすることが経営トップの判断で決定されたらどうでしょう？

外部の会社が経費精算をする以上、一定のルールに則って行わなければならなくなりますから、致し方ないという思いもあるかもしれませんが、変更後のルールにみんなが従わざるを得なくなります。このように社内のあつれきで改革がうまくいかない可能性があるときなどにＢＰＯ事業者を活用することで道が開けることも多いのです。

③ とにかく忙しい人ばかり忙しくなるのです

◆業務のブラックボックス化は恐ろしい

「仕事は忙しい人に頼んだ方がいい」なんてこと聞いたことないですか？　普通に考えたら暇な人に頼んだ方が、時間がたくさんあるのでいいのではないかと思うでしょうが、忙しい人ほど時間の配分の仕方や仕事の進め方がうまいので、暇な人に頼むよりよっぽどスピーディーかつ効率的に終わるからというところからきていると思います。

ただ、経理部門でそのような体制で業務を進めると、仕事ができる特定の人物に難しい仕事が配分されていってしまいます。仕事ができる人が業務を進めているうちは、問題はないのですが、潜在的には次のような問題をかかえることになります。

・業務がブラックボックス化して他の人ではチェックができない。
・仕事ができる特定の人物が辞めてしまったら業務が回らなくなってしまう。

「難しいから」、「任せておいたらやってくれるから」という理由で、丸投げしっぱなしにしてしまったら、管理不能になってしまいます。

証券業界で、高度な金融工学の知識が必要な商品の運用を特定の人物にだけ行わせてしまった結果、社内の統制が効いていない状態の中で巨額の損失を出してしまったなんていう事件が起きたこともありますが、あのような事件は、丸投げにしてしまった側にも原因がありますよね。

たとえ難易度が高い業務であったとしてもマニュアルがあり、チェックリストもあれば、チェックすることはできるでしょうし、業務の引き継ぎも可能です。

また、スーパーマンのように業務をこなす人が高いモチベーションのまま業務に邁進してくれればいいのですが、そうはいっても生身の人間ですので、何かの理由で会社を退職してしまうというリスクもありますよね。退職後も残った社員で業務を回せる体制が構築できていればいいのですが、特定の人に業務が偏っている組織の場合は、往々にして業務の引き継ぎがうまくいかず、結果として質的に悪い状態に陥ってしまいます。

これも業務のマニュアルがなかったり、業務の標準化がなされていないことが原因と

頼りすぎ防止にマニュアル作りと標準化を実施しよう

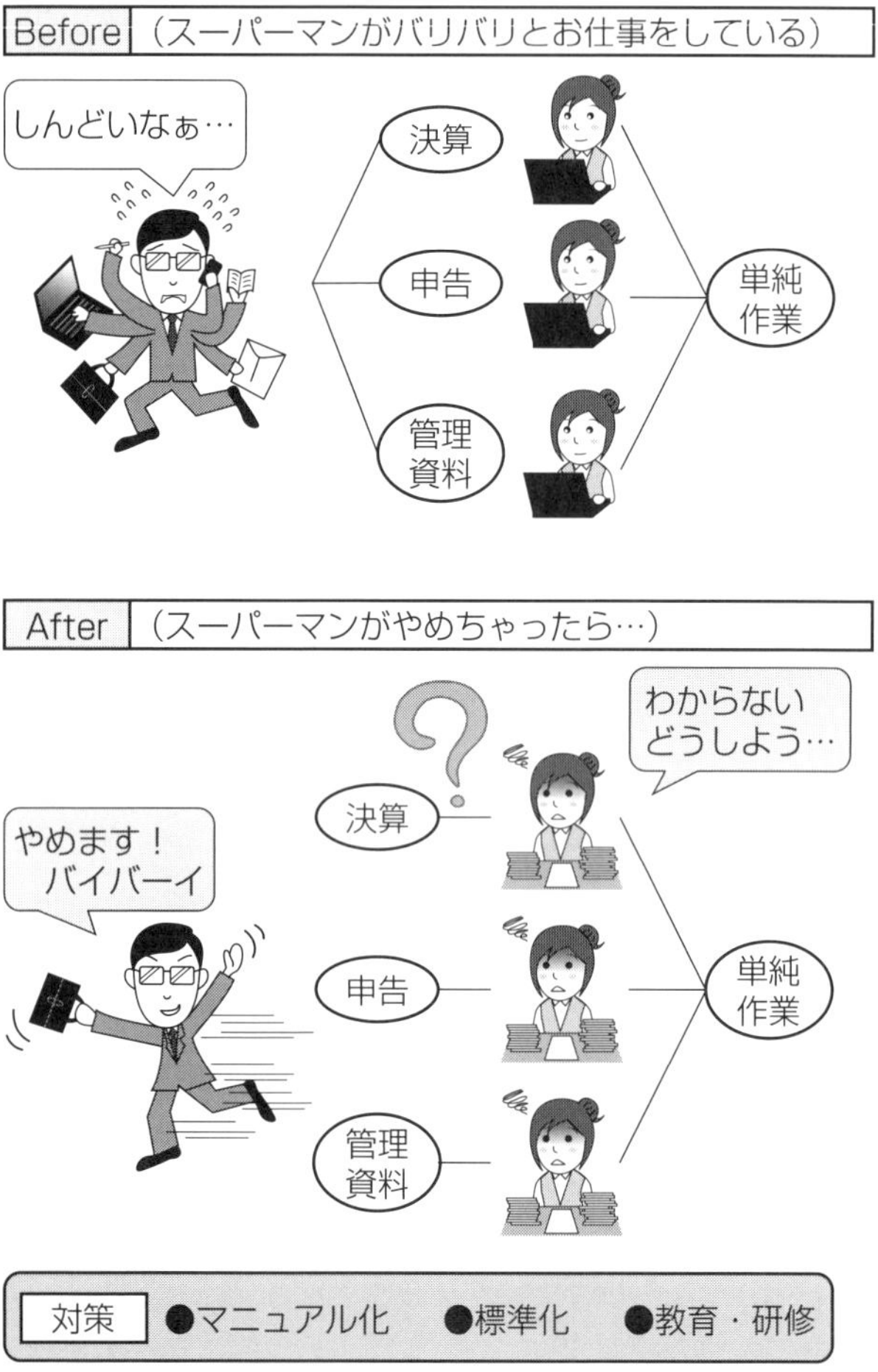

いえます。

◆情報のタコツボ化を防止するには

このような情報のタコツボ化による悲劇を生まないようにするために重要なことは、

- マニュアルを整備する。
- 業務を標準化する。
- 教育や研修をして社員のレベルアップをはかる。

などに取り組むことです。

これらができれば、特定の人物に業務が集中することを防げ、ジョブローテーションを通じて経理部門のスタッフ間で業務を共有することができるようになります。

④ スピードと品質がなかなか上がらないのは何故？

◆社長も社内には強く出られない？

営業の現場でお客様からクレームを言われたら、何はともあれ即座に対応しますよね。また、お客様への納品期日が決まっていたら徹夜してでも納期に間に合うように業務を遂行しますよね。

お客様の信頼を失わないようにするためには、コレって商売をする上できっと当たり前のことなのでしょう。

それでは、経理の現場ではどうでしょうか？

社長が、「試算表を翌月5営業日までに必ず完成させて」と言ったとしても、なんらかの言い訳をして、納期を守らない会社もあります。また、連結決算を組んでいる会社でも親会社が期末後8営業日までに決算数値を報告するように子会社の経理部門に依頼をしても、納期を守ってくれない会社があります。

営業の現場のように相手がお客様であれば、最大限の努力をしてスピードを上げることは当然のことと考えるのですが、相手がたとえ社長であっても社内の人であるということで、ついついスピードへの意識が甘くなってしまうケースもあります。

また、社長の方でもどうしても社員に強くあたれないという現状もあるようです。強く要請しすぎて、経理部員がへそを曲げて辞められでもしたら、ゼロから社員の採用・教育をしなければならず、これまた非常に骨の折れることです。

もちろん業務のマニュアルがしっかりと作成されていたり、業務プロセスの可視化がなされていたりして、問題の所在を共有できているような環境であれば、スピードを上げるポイントもわかるでしょうし、万が一社員が辞めたとしても代替する社員に業務を行ってもらうこともそれほど難しくはないでしょう。

やはりここでも**問題を解決する鍵は、業務の標準化やマニュアルの作成なのです。**


社長が社内には言いにくいという点からするとＢＰＯを活用するというのは有効的です。なぜならＢＰＯ事業者は社長からすると外部の人間なので、言うのがはばかられるという感覚になることもないでしょうし、言われるＢＰＯ事業者にしても、スピードを上げることは使命と思っているでしょうから、当然のこととして受け止められるからです。

◆品質を向上させる努力をもっとしよう

次に業務の品質について考えてみましょう。

例えば、住宅のリフォーム会社が、完成した工事に不備があり、お客様からクレームを受けたとしましょう。

真っ先に現場に急行して、謝罪の上、工事をやり直しますよね。工事が終わった後は、社内で情報を共有して今後同様の事故が起きないように、マニュアルを整備したり、納品時のチェックリストを手直ししたりするでしょう。

品質を上げていくということにこだわらなければ、商売をしていても市場で生き残っていくことはできないでしょう。それほど成熟化した経済社会というのはお客様の目線は厳しいものとなってきているのです。

それでは、経理部門はどうでしょうか？　同じリフォーム会社の経理部で下請け業者への支払があったとして、期限に支払うのを忘れてしまった場合や、現場でかかったコストの集計をする際に誤って集計をしたために原価が本来の数値と異なってしまった場合など、ミスが発生することもあると思います。

このような事態が発生した場合に、もちろん下請け業者には謝罪の上、速やかに代金を支払うでしょうし、原価の金額を集計し直して数値を修正するでしょう。

ただ、先ほどの現場でのミス対応のようにマニュアルやチェックリストを整備し直す経理部門の割合はどれくらいでしょうか？

ついつい実害がでないミスだったり、社内のミスということで軽く考えて、「次からは注意しよう」程度で終わらせてしまう会社もあります。

価値のある経理部門になっていくためには、品質向上への意識を強く持って、そのための道具（マニュアルやチェックリスト）を作成・更新していくカルチャーが求められます。

⑤経理で起きる不正は破格の金額となる

◆一人に任せっぱなしはダメです

少し古い話ですが、役場の経理担当の公務員がペルー出身のアニータという女性に惚れ込んで、その女性に約十四億円のお金を不正に送金したという事件がありましたね。

このほかにも、経理部門に属している社員が会社のお金を不正に引き出す横領事件は、よく新聞の社会面に掲載されていますので、なくならないんだなって思います。

では、不正が起きる原因はどこにあるのでしょうか？

- 一人の人間だけでできる環境になっている。
- 同じ人が長期間携わっている。
- チェック機能が働いていない。

といったあたりが主な原因といえます。

つまり、**「複数の人間が業務を行って」、「一定期間で配置転換が行われ」、「上司の適正なチェックがなされる」環境**であれば不正は起こりにくいのです。

◆外部の目を入れることで牽制をはかる

そのような環境を整えるには、ある程度の人員が経理に必要となってきますよね。

例えば、出納業務のうち、外部への支払業務で考えてみましょう。

取引業者から請求書が来たら、まずは発注部門で確認がなされて、支払ってもよいと判断された請求書が経理にきます。ここからが経理の仕事です。

先ほどのような望ましい環境を整える場合、少なくとも４名は作業者が必要となってきます。まずは、発注部門から回付された請求書に基づいて銀行経由の送金データを作成する社員です。続いて、その作成されたデータを確認する上席者です。

さらに、その上で請求書に基づいて仕訳を起こして帳簿を作成する社員も別途必要となります。先ほどの送金データを作成・承認した社員と帳簿を作成する社員が同じ場合、不正を起こすことも可能になるからです。そして、その帳簿を最終的に確認する上席が必要となるので、最大で４名が必要になります。

さらに、定期的に配置転換をするとなると今いる4名以外にも経理に社員が必要です。経理部門の規模が大きい場合は、そのような環境を整備することは難しくないですが、比較的小規模（2から3名程度）の経理部門では理想はいえても、実際に実行するとなると厳しいものがあります。

そこで、BPOを活用して不正が起こるのを防止しているケースもあります。先ほど登場した4名の社員（支払データの作成、支払データの承認、仕訳の起票、帳簿の承認）のうち、上席者側でない支払データの作成と仕訳の起票分をBPO事業者に委託して、会社ではBPO事業者が行った業務をチェックすることに注力します。

BPO事業者がデータを作成することで、不正な支払データが作成される可能性は限りなく低くなり、また、支払が行われた後の仕訳を起票する作業をBPO事業者が行うことで万が一支払データの承認を行った上席者が不正を行ったとしても、仕訳の起票の段階でその事実を突き止めることができるので、そのような牽制が働いている状況の中では、不正は起こりにくくなるのです。

少人数の組織には BPO で不正防止対策

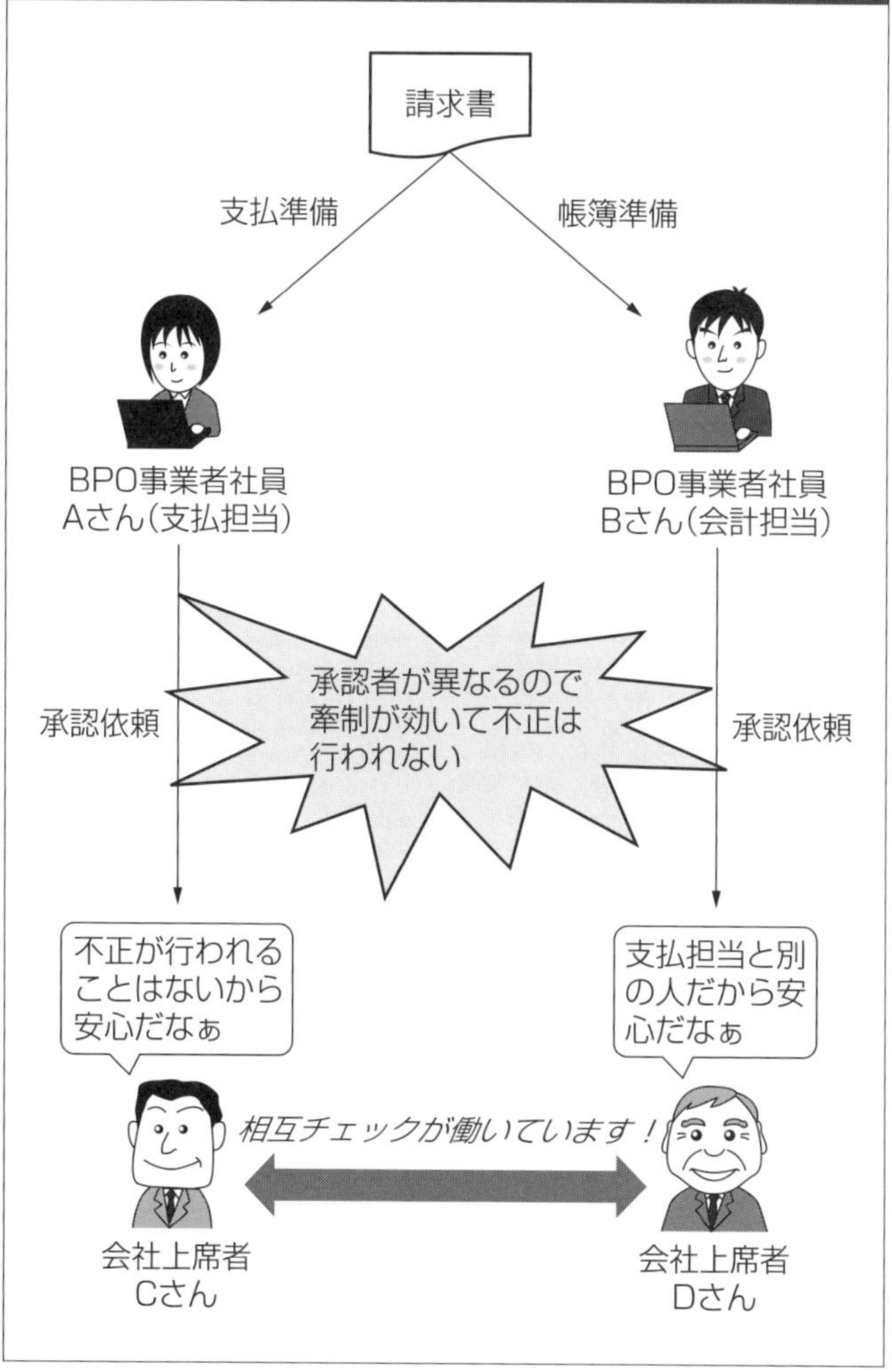

第3章

BPO事業者選定時の留意点

BPOが成功するかどうかは、どのBPO事業者に委託するかにかかっています。

本章では、最適なBPO事業者を選定するために留意すべき点を見ていきます。

① どの機能をＢＰＯするのか決定する

◆自社の現状について分析する

目的が決まったら、どの機能をＢＰＯするのか検討します。検討するにあたって、「ＳＷＯＴ分析」の方法などを用いて、自社の現状での強み・弱みや人員の余力はあるのかなどを分析します。

現状、明らかに弱い部分があるのであれば、その部分をＢＰＯするのは会社としてのリスクを回避する意味でも有効な方法といえます。

一方で、人員に余力があるのであれば、その弱みの部分をＢＰＯし、ＢＰＯ事業者のノウハウを利用し、いったん整備した上で自社に戻すといったやり方もあるでしょう。

また、第1章で述べたように、すでに確立されているルーティン業務をＢＰＯすることにより、社員をコア業務に集中させるといった方法も考えられます。

このように自社の業務を分析することにより、ＢＰＯすべき業務と社内に残すべき業務の方向性を決定しましょう。

◆BPOが最善の方法か？

目的と業務内容が決まれば、おのずとどのような点を重視して選定すべきかが見えてくるかと思います。ここで選定に入る前に、もう一つ考えておくべきことがあります。それは、その目的を達成するための手段は**BPOが最善なのか？**ということです。

例えば、**「退職による業務の引き継ぎ者不在」**という理由によるきっかけであれば、

- **派遣社員の活用**
- **正社員の雇用**

という選択肢もあります。

また、**「最新の情報についていけない」**と感じているのであれば、

- **定期的な研修会への参加**

・顧問税理士への情報提供の依頼

といった選択肢もあるでしょう。

このように、即ＢＰＯ！　ということではなく、さまざまな選択肢を前提に、それぞれのメリット・デメリットを考慮した上で、最善の方法を導き出す必要があるといえるでしょう。

自分の現状を分析しよう

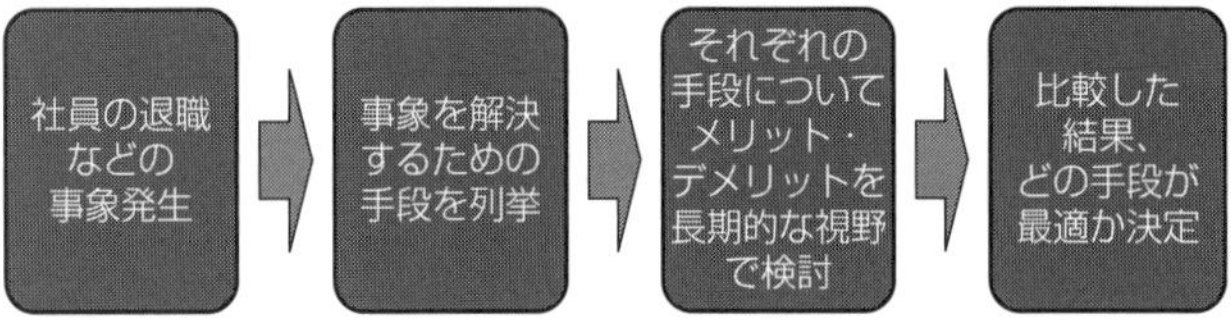
社員の退職などの事象発生
事象を解決するための手段を列挙
それぞれの手段についてメリット・デメリットを長期的な視野で検討
比較した結果、どの手段が最適か決定

SWOT分析とは

企業にとって、ビジネスやプロジェクトの計画を立案する際などに利用される分析手法で、次の四つの要素を対比しながら分析する方法です。

S：Strengths（強み）　　W：Weaknesses（弱み）
O：Opportunities（機会）　　T：Threats（脅威）

四つの要素は、企業の外的要因である機会、脅威と、内的要因である強み、弱みに分けられます。これらを列挙した後、マトリックス化し、外的要因に対してどのような強み、弱みがあるのかを分析することにより、強みをどのように活かすか、弱みをどのように克服するか、機会をどのように利用していくか、脅威からどのように自社を守るかといった自社分析をしていくことができます。

			外的要因	
			機会	脅威
		列挙した項目→ ↓	1．……… 2．……… 3．………	1．……… 2．……… 3．………
内的要因	強み	1．……… 2．……… 3．………	強みをどのように活かして機会をつかんでいくか	どのように強みを活かして脅威を回避していくか
	弱み	1．……… 2．……… 3．………	弱みをどのように克服して機会をつかんでいくか	脅威を避けるためにどのように弱みを補強していくか

列挙した項目を組み合わせて分析

② 効率よくBPOするための準備をする

◆非効率なままでは無駄なコストがかかる

第1章で述べたように、経理でかかえている業務の中には、非効率な方法で業務を行っている部分が多くあります。また、たとえ非効率だとわかっていたとしても、現在の業務負荷がよっぽど過大でない限りは、その方法を変える労力よりも非効率なまま業務を行う方向に向かいがちです。

このように社内で、人員をかかえている限り、非効率な方法で仕事を行っていることについて問題意識はあるものの、大きく問題視することなく過ぎていくことでしょう。なぜならば人員を確保しており、効率を高めてその人材を別の業務に活用するという道がない限り、固定費は非効率なままでも変わりがないからです。

では、BPOはどうでしょう。多くのBPO事業者は業務時間や業務量により支払うべき報酬額が決まります。

つまり、**「非効率であればあるほど、その報酬額は多額に」**なってしまうのです。

また、非効率なままのかたちでＢＰＯが定着してしまうと、再び、その方法を変えるには労力を要することから、導入前あるいは導入初期に効率性の検討をすることが望ましいといえます。

◆専門家の目を通してチェックしてもらう

自社は効率よく業務を行っているから、見直す点はないよ、と思っているかもしれません。はたしてそうでしょうか？

ＢＰＯ事業者から見れば、

- 本当にこの作業は必要なのだろうか？
- なぜ、似たような作業や資料作成を何度も行うのだろう？
- システムを活用したら、この作業は不要なのでは？

と思うようなケースでも、会社側の認識は、

・**非効率だと認識しているが、今までのやり方を変えるのは難しいと考えている。**
というのが多数ではあるものの、一方で、
・**そのような方法しか知らないために非効率であることにすら気付いていない。**

ケースもあるのです。是非、BPOをきっかけとして、専門家であるBPO事業者の視点を活用した効率的な業務フローの再構築を検討しましょう。

◆なぜ前準備をするのか

このような前準備は、BPOコストを抑えるという点だけでなく、効率的な方法を検討するにあたり、現在の業務の流れを洗い出す必要があるため、ブラックボックス化しがちな経理業務を把握するよい機会ともいえます。

BPO事業者に委託した結果、失敗してしまう例の多くは、このような委託前の現状の把握、分析ができていなかったことにより、両者に認識の相違が生じてしまった、と

いう理由によるものが多いといえるでしょう。

もちろん、ＢＰＯ導入後に、さらなる効率化のために改善を加えていくということは必要なことですが、まずはＢＰＯ導入を機に、ある程度の効率化は進めておくことを検討しましょう。

◆ＩＴの活用も併せて検討する

効率性の追求という意味では、ＩＴの活用が効率化への近道といえます。

一方で、ＩＴの投資には多額の費用を要しますので、管理部門である経理部門でそのような予算をねん出するのは難しい場合も多いでしょう。

ＢＰＯ事業者の中には、自社で所有しているシステムをクラウド上で安価な利用料で使用できるサービスを提供している場合もあります。

もし、ＩＴの活用も併せて検討するのであれば、まずはＢＰＯ事業者が提供しているサービスを確認しましょう。

③ 委託する業務範囲と決定期限を確認する

◆いつまでに選定（契約）が必要かを決定する

ＢＰＯ事業者の決定は慎重に行う必要がある一方、喫緊の必要に迫られていない限り、ある程度の期限を決めないと、いつまでも後回しにしてしまいがちです。

逆に、退職者の業務引き継ぎの必要性や人員不足による負荷軽減のためのＢＰＯを検討しているのであれば、おのずと期限は決まってくるかと思いますが、期限に気を取られるあまり、安易な選定をしてしまわないよう、まずは**選定から決定、業務開始に至るまでのおおまかなスケジュールを決定**するとよいでしょう。

◆ＢＰＯ事業者選定の責任者を決定する

ＢＰＯ事業者選定にあたり、社内の責任者となる人物を決定し、プロジェクト化してＢＰＯを推進する方法がとられる場合もあります。

後述のとおり、他部門も含めて選定する場合やシステムの導入と併せてＢＰＯを導入する場合などは、一定の労力がさかれますので、プロジェクト化することにより、通常業務の負荷を軽減し、ある程度専念できる体制にすることも必要となります。

◆委託する業務を決定する

現状の社内業務を分析した結果を受け、社内に残すべき機能と社外にＢＰＯすべき機能を決定します。

その際に、社外にＢＰＯはしたいが、そのような業務を受けている会社はないだろう、と思われる業務についても全て洗い出して、検討するようにします。最近のＢＰＯ事業者の業務範囲は多岐にわたりますので、こちらが無理だろうと思っている業務でも受託可能なケースがあります。既成概念にとらわれず、全て洗い出しましょう。

また、委託すべき業務内容について正しく伝えることができないと、ＢＰＯ事業者との間で齟齬が生じ、見積り額と実際の報酬額に大幅な乖離が生じてしまう可能性があります。もし、ＢＰＯ推進の責任者が、実際の業務に精通していない場合には、事前に担当者にヒアリングするなど、委託業務の内容に齟齬がないようにしておく必要があるでしょう。

◆他部門も含めて考える

複数の部署でBPOを検討している場合は、**部署間の連携**も含めて考えるべきでしょう。特に人事と経理は関連のある情報も多くあります。複数のBPO事業者に委託することにより、同様の情報をそれぞれの先に配信しなければならないなどの手間やストレス、行き違いによるミスが生じることもありますので、業務を1社のBPO事業者に集約することも検討しましょう。

業務範囲やスケジュールを決定しよう

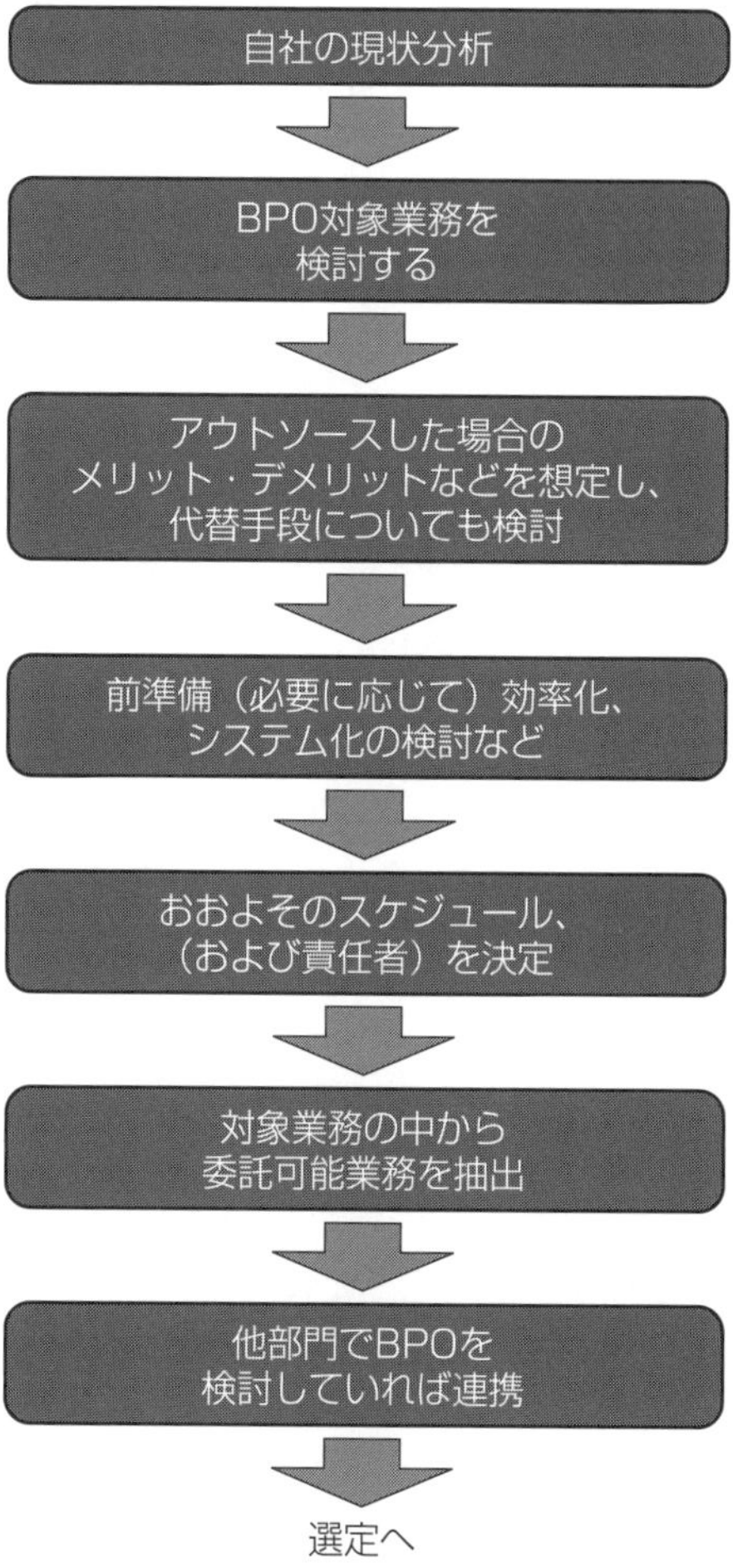

④ BPO事業者を探す

◆インターネットを活用する

BPO事業者を探す方法にはいろいろありますが、

・インターネットで検索する。
・経理関係の情報誌などの雑誌で探す。
・銀行など取引先からの紹介を受ける。
・BPO導入実績のある会社に紹介してもらう。

などの方法があります。

◆面談する前に絞り込む

実際の面談をする前に、数社程度に絞り込む必要があります。でないと、時間ばかりがとられ、導入前の段階で消耗してしまいます。

ＢＰＯ事業者との面談に入る前に

・ある程度の必要不可欠条件を決めておく。
・ホームページやパンフレットなどの一般的な情報から数社程度に絞り込む。

といったことをすることにより、効率のよい選定をしましょう。

また、コスト面を最も重視しているのであれば、事前に一定情報を提供することにより、概算での見積りを入手した上で、一般情報と見積り額とを総合的に勘案して数社に絞り込んでから面談に進むという方法も考えられます。

ただし、その場合は、面談をしない段階の事前情報のみの概算金額のため、実際の金額とは大幅に乖離してしまう場合もあるということはあらかじめ念頭に置いておきましょう。

◆BPO事業者にどこまでの情報を開示するのか決めておく

BPO事業者には、これから業務を行ってもらうわけですから、全く情報を開示しないという訳にはいきません。

一方で、選定の時点では契約も成立していない訳ですから、全ての情報を開示することによるリスクもあります。

あわせて、各社に開示する情報の範囲が異なると、見積額算定のための前提条件が異なることとなり、単純比較ができないこととなってしまいますので、**どこまでの情報を開示するのか会社としての意思決定**をしておきましょう。

◆開示する前に、情報漏えいリスクへの対策をする

BPO事業者に、情報を開示する段階では、契約が締結されていないことから、仮に情報が漏えいしたとしても、契約上、それらの損害に対する担保がなされていません。

リスクを回避、あるいは最小限にとどめるために、

・開示範囲を最小限にしぼりこむ。
・情報を開示する前に秘密保持契約を締結する。

といった対策をとっておきましょう。

◆業務内容を説明し、見積りを入手する

数社に絞られたBPO事業者と面談し、業務内容を説明した上で、見積書の提出を依頼します。

その際に、現状の中で改善したい事項があれば、その点についても説明し、改善のための提案を依頼しましょう。

また、ITの導入も併せて検討している場合には、見積りを入手の上、併せて検討しましょう。

⑤ 見積り入手後の選定

◆重視している点は、なにか

ＢＰＯ事業者を選定するにあたり、重視すべき点はなんでしょう。それは会社の置かれている状況により異なるでしょう。ＢＰＯを導入する目的がコスト削減の観点であれば、その重点は価格に置かれますし、精度の向上や早期化への対応ということが目的であれば、価格もさることながら、品質も一定のレベルを確保する必要があるでしょう。

今後の業務をまかせるＢＰＯ事業者を選定するわけですから、セキュリティも万全でなくてはなりません。会社としてＢＰＯ事業者を選定する基準やある程度の予算の目安などを事前に設定した上で、ＢＰＯ事業者を選定する必要があります。

◆コストと品質のバランスで考える

コストだけで比較してしまった結果、ＢＰＯ事業者の質が低く、自社の社員がその教育のための時間を浪費したり、また、手戻りが生じることにより、内部の手間が二重三重に生じてしまうこともあります。

あるいは、コストを抑えた結果、委託する業務範囲が中途半端になり、処理の流れが社外と社内に分断されることにより、かえって効率が悪くなる場合があります。

逆に、コスト面では劣っていたとしても、ＢＰＯ事業者の質が高ければ、内部だけではわからなかった気付きや新制度への知識などの情報が入ってくることにより、自社の社員の知識向上につながるケースもあるでしょう。

◆コストメリットをトータルで考える

会社で保有している会計システムを使用するにあたっては、会計システムやサーバーの初期購入コストのほか、継続的に保守料が発生します。また、サーバーの管理をするための要員が必要になったり、改正のたびにバージョンアップが必要になったりします。

実は、ＢＰＯ事業者のシステムを利用することにより、そのようなコストが削減できる場合もあります。システム選定にあたっては、そのような付随的なコストも全て勘案した上で、比較検討する必要があるでしょう。

◆移行に関して主導的な立場でのアドバイスが可能か

ＢＰＯ導入について、会社側は経験豊富なわけではありません。

また、通常業務をこなしながら、ＢＰＯへの移行準備を進めていくのは、かなり負荷のかかるものです。

そのような場合に、

> **・豊富な経験に基づき十分なアドバイスを受けることができるか？**
> **・主導的な立場でＢＰＯの導入をサポートしてもらえるか？**

というのも選定にあたっての重要な要素になるでしょう。

また、ＢＰＯへの移行と同時に会計システムの切替も予定している場合、ＢＰＯ事業者によっては、システムに関するアドバイスを提供してくれる場合があります。

選定にあたって確認しておきたい項目

1 会社情報
2 サービス内容
3 価格
4 受託実績
5 専門スタッフや有資格者などの人員数
6 業務管理体制
7 反社会的勢力との結び付きがないか
8 会社や担当者の雰囲気が自社となじめそうか
9 内部統制状況
10 情報セキュリティ管理体制
11 個人情報保護方針
12 BCP対策

外部のコンサルタントと異なり、BPO事業者はそのあとの業務自体を行うわけですから、コンサルが終わって、いざ使用するときに不都合が生じても知らんぷりということにはなりませんし、実際の業務を行う観点から、現実に即したアドバイスを期待できるといえるでしょう。

⑥ 事業継続性に問題のないBPO事業者か確認する

◆今後も長きにわたりパートナーシップを築ける会社か

ＢＰＯ事業者に業務を移管することは、それなりの労力を要します。もし、頻繁にＢＰＯ事業者を変更するような事態になれば、そのたびに、選定、引き継ぎなどの労力を費やすこととなります。そのような事態にならないためにも、ＢＰＯ事業者を慎重に選定する必要があることは当然のことですが、そもそものＢＰＯ事業者自体が、

・今後もＢＰＯ事業を継続していくのか。
・会社自体が存続していくのか。

ということをチェックすることも必要です。

実績のあるＢＰＯ事業者であれば、継続性の点で安心できるだけでなく、ＢＰＯ事業

者としての経験が豊富ともいえますから、さまざまな事例からの知見を得られるという期待もあります。

必要に応じて、社歴や人員数、業務実績などの情報を収集し、総合的に継続性に問題のない会社か確認しましょう。確認に際しては、資料だけの情報ではなく、実際にBPO事業者の会社に出向いて確認するということも有効です。

長く付き合っていくパートナーとなるわけですから、自社との相性や、BPO事業者の担当者の雰囲気や社風などを考慮にいれた選定をすることも重要といえるでしょう。

◆情報の管理体制は適正か

BPO事業者には経理の重要な情報や公開していない企業秘密、自社のノウハウなどさまざまな情報を預けることになります。また、経理処理に際して、各種契約書・人事情報・マイナンバーを渡すことも想定されます。そのような情報の管理体制が杜撰な場合、**BPO事業者から情報が漏えいするリスク**があります。また、BPO事業者が反社会的勢力とつながりがある会社であった場合、コンプライアンスの観点から取引をするにはリスクがあるでしょう。

その他にも、有事の際にどのような体制で業務を実施してもらえるのか等BCP（事業継続計画）の対策などについてもチェックすることが必要です。

◆品質の管理体制は適正か

BPO事業者は専門家とはいえ、BPO事業者内部でのチェック体制が確立していない場合、その品質は、担当者個人の能力に依存してしまうこととなります。そのため、成果物に対するチェック体制がどうなっているのか、担当者個人の能力に不足があった場合のバックアップ体制がどうなっているのかなど、品質が担保される管理体制となっているかについて、確認しましょう。

◆問題が生じた場合の責任を契約で明確にする

契約にあたっては、

- **委託業務の範囲や納期**
- **成果物の定義**

などを明らかにすることはもちろん、

・委託者としての義務の範囲

がどこまでなのかも契約で明確にしておくことが必要です。

また、機密保持の点についても明確にしておくことはもちろんのこと、情報漏えいや契約不履行などの問題が生じた場合の責任の所在も明らかにしておくべきでしょう。

選定したＢＰＯ事業者に一定の品質と事業継続性が確保されているという判断に至ったとしても、ミスが絶対に生じないとはいいきれません。

さまざまな場合を想定し、そのような事態が発生した場合にどちらがどのように責任を負うのかということは明確にしておきましょう。

第4章

BPO導入のステップ

導入後においても、BPOで意図した効果が得られているのか、約束された品質は維持されているのか等、BPO事業者を管理していくこともBPOを成功させるカギとなります。

① 円滑なBPOのために体制を整備する

◆事前に説明を行い、不安を払拭する

人員不足や退職をきっかけとするBPOの導入であれば、経理部門の社員の中で特に不安を感じる人はいないかもしれません。

一方で、そのようなきっかけがないままにBPOが実行されるとなると、自分の業務がBPO事業者に奪われてしまうのではないかと感じ、BPO事業者に敵対的になり、業務の引き継ぎに支障をきたす場合があります。

もし、BPOが、社員の成長のための施策、あるいは、ルーティンワークからの解放という前向きな趣旨での導入であれば、事前にそれらを社員に説明することにより、引き継ぎに対するモチベーションを高めることができ、円滑な引き継ぎが可能になるでしょう。

◆BPO導入後の管理体制を決定する

ＢＰＯの導入後も、委託業務が適正に行われているか、委託側企業としてもＢＰＯの責任者を決定し、管理する体制を構築する必要があります。

これは次の二つの点でメリットがあるといえます。

- ・ＢＰＯ後の社員の立場が明確になり、ＢＰＯにより仕事が奪われるという不安を払拭できる。
- ・ＢＰＯ事業者に対する指示命令系統を明確にすることにより、企業側の意思を明確にし、情報も集約することができる。

ＢＰＯ導入後の体制を明確にすることは、円滑なＢＰＯの導入のみならず、その後の運用面においても重要になります。

過度な管理体制をしくことは効率性の面から、ＢＰＯのメリットを損ないかねませんが、一方で、ＢＰＯ事業者に丸投げにして全く管理しないという状態では、導入したＢ

POの成否を見極めることもできません。

BPOを長く円滑に成功させていくためにも、適切な管理体制をしくことが必要といえるでしょう。

◆BPO導入後のBPO事業者側の管理体制を確認する

当然のことながら、社内だけではなく、BPO事業者側の管理体制についても確認する必要があります。

選定時に概要の説明を受けていた場合でも、説明と実態が異なる場合もあります。あらためて管理体制を具体的担当者名も含めて確認しましょう。

また、導入当初だけではなく、導入後においても、定期的に適正な管理体制が維持されているか、確認することが望ましいといえるでしょう。

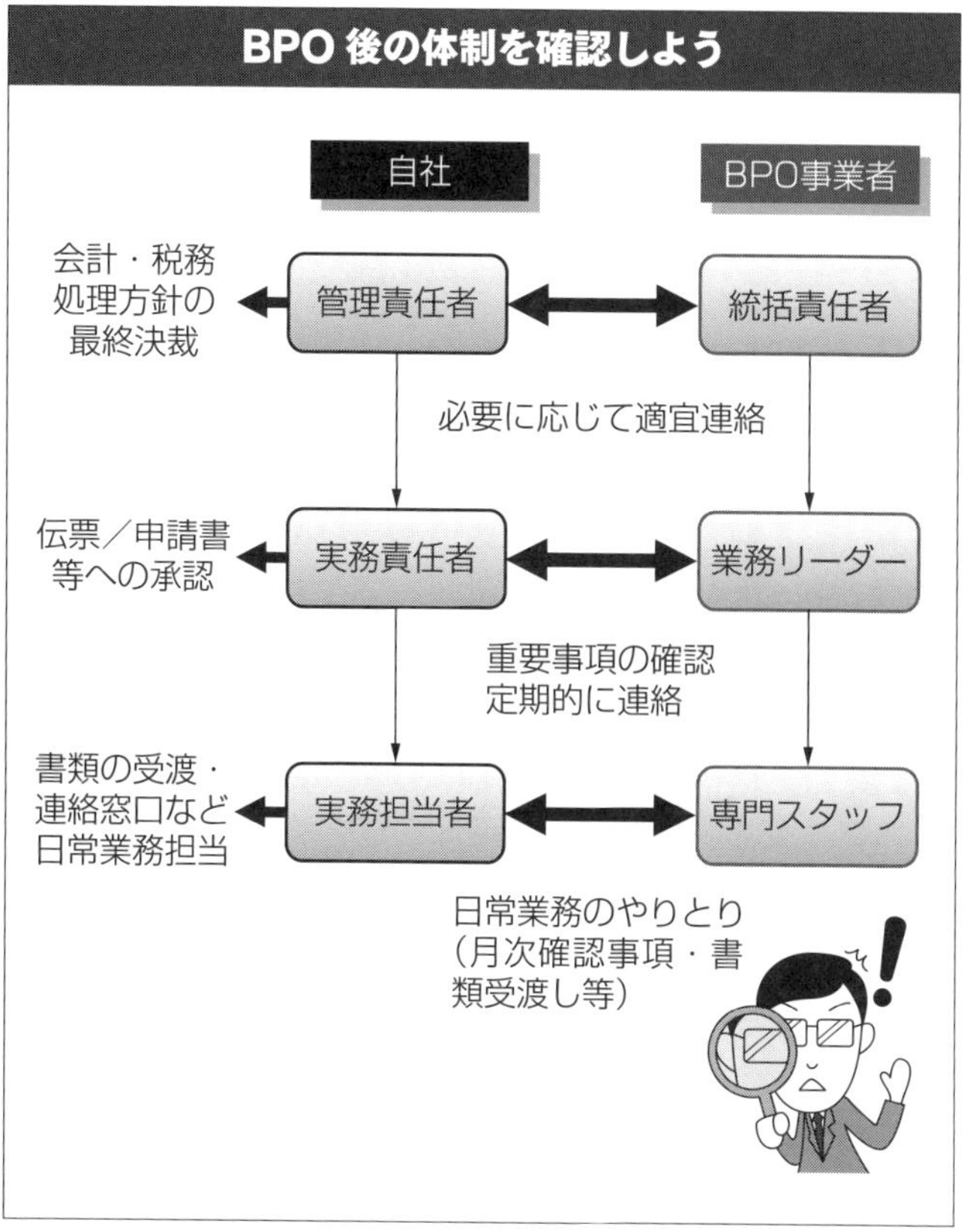
BPO後の体制を確認しよう
自社
BPO事業者
会計・税務処理方針の最終決裁
管理責任者
統括責任者
必要に応じて適宜連絡
伝票／申請書等への承認
実務責任者
業務リーダー
重要事項の確認
定期的に連絡
書類の受渡・連絡窓口など日常業務担当
実務担当者
専門スタッフ
日常業務のやりとり（月次確認事項・書類受渡し等）

② 導入スケジュール等を決定し、社内周知により協力を仰ぐ

◆スケジュールのすりあわせをし、業務フローを決定する

ＢＰＯ事業者と協議の上、導入のスケジュールを決定します。その際に社内でのデッドラインがあるのであれば、その点も伝えた上で、無理のないスケジュールを設定しましょう。

ＢＰＯ後も、それまでの業務が遂行されるという点においては、大きな変化はありませんが、社外のリソースを利用するという点で、

・今までの業務フローを変更せざるをえない点が発生する場合がある。
・期限や受け渡しすべき資料などを明確にする必要がある。

という点に注意する必要があります。

新たな業務フローを決定するにあたっては、ＢＰＯ事業者から、非効率な部分がある

と指摘を受けた内容についても改善するなどの検討が必要といえるでしょう。

◆必要に応じて申請書等の改訂をする

社内で処理を行っていた場合は、申請者ではなく、経理部門側で過去の経験に基づき、経費の負担部門を判断し、処理するという方法をとっている会社も少なくありません。そのような経験則による判断が多く存在する場合、ＢＰＯの障害となることがあります。マニュアル化されていない処理は、ＢＰＯのみならず、退職による引き継ぎの際にもスムーズな業務移管が難しい場合があります。

そのような経験則に頼る処理を極力なくすために、経費負担部門を記載するといった、申請書の書式自体を改訂するなどの改善を行い、**会計・税務の専門知識以外での判断要素をなくす**ことが今後の効率化につながるといえるでしょう。

◆業務引き継ぎを行う

ＢＰＯ事業者は、その道のプロではありますが、経理とひとくちにいっても、会社ごとに申請書の書式や処理ルールなど微妙に異なります。退職により前任者がすでに不在といった場合でない限りは、一定の引き継ぎは委託側企業として行う必要があるでしょう。

また、委託対象業務について、マニュアル等がない場合は、これを機に整備することも検討しましょう。

◆会計処理方針や税務処理の方針について伝える

会計処理や税務処理については複数の選択肢が存在する場合があります。

最初にそのような処理方針をすりあわせておかなかった、もしくは、説明不足による認識の相違により、思わぬ手戻りが発生する場合もあります。

処理の方針について会社の意向を伝えるとともに、その方針を選択することにより、

- ・処理方法に無理や無駄が生じないか?
- ・その方法と比較して、より良い選択肢がないか?
- ・会計や税務上のリスクがないか?

など、BPO事業者のアドバイスをもらった上で、方針のすりあわせをしましょう。

◆他部署へBPO後の体制について説明を行う

経理の業務は、他部署の社員にも影響する部分が大きい業務です。BPOを導入することにより、今までは、期限後でも受け付けていた書類が今後は期限までに提出がされなければ翌月精算になる、など、BPOをきっかけに今まで社内だからこそ対応していた、イレギュラーな処理についても今後は対応できない、ということを事前に説明しておく必要があります。

一般的に、社内同士の場合には、期限があっても、「なあなあ」になってしまう場合が多く、経理の社員はそのようなイレギュラー対応に多くの時間を割かれるとともに、それにより、決算スケジュールが遅れるといった弊害もおきています。

そのような個別対応をなくすことは、BPOコストを抑えるという観点からはもちろん、自社の経理部社員をイレギュラー対応へのストレスから解放するとともに、決算の早期化を実現するという点においても有効です。

ただし、事前に十分な説明も行わず、守るべき期限だけ通達するのでは、思わぬ反発をまねき、ＢＰＯのスムーズな運営に支障をきたす場合があります。ＢＰＯへの移行に支障をきたさないためにも、明確な期限やルールなどを事前に示して、ＢＰＯ後の体制に協力が得られるようにしましょう。

③ 個別に導入した場合、全体で見直しを行う

◆BPOを複数社に導入した場合は見直しも有効

ＢＰＯの必要にせまられて、パーツごとにＢＰＯ事業者を選定した場合、あるいは、経理部と人事部が別々にＢＰＯ事業者を選定した場合などは、１社にまとめて委託した場合に比べて、非効率になっている場合があります。

また、関連性のある業務を複数のＢＰＯ事業者に依頼した結果、同じような業務を重複して実施することになり、数値間の整合が保たれなくなったり、二重にコストをかけたりという結果をまねいていることも少なくありません。そのような事態を長く続ければ、ＢＰＯ事業者に依頼していることが、かえってコスト増やミスを誘発するリスクとなりかねません。

もし、そのような状況になっているのであれば、一度、全体の業務フローを見直した上で、ＢＰＯ事業者を選定するということも検討する必要があるでしょう。

もちろん、ＢＰＯ事業者を選定するというのは労力のいることですし、その後の新た

なBPO事業者への業務引き継ぎなどを考えると一時的にはコスト増になる可能性がありますが、長い目でみれば、全体的に見直すことのほうが望ましいといえるでしょう。

◆BPOの対象範囲は多岐にわたる

1社には集約できないだろうと思われる業務でも、一度BPO事業者に相談してみることで、解決する場合もあります。既成概念にとらわれることなく、BPO業務を全体で見直してみましょう。

◆クラウドサービスを利用する

BPO事業者によっては、会計に関連するシステムについて、クラウドサービスを提供している場合があります。会計や税務は法令の改正が毎年のようにあるため、システム購入後も継続して保守契約を締結する必要があります。加えて、システム導入にかなりの費用を要する場合、管理部門の予算が乏しく、購入に足踏みしてしまう場合もあります。

一方で、BPOを導入するにあたっては、まずはシステム化により効率化することが

会計クラウドサービスとは

会計クラウドサービスとは、会計用のシステムをインターネットを通じてお客様にレンタルするサービスです。

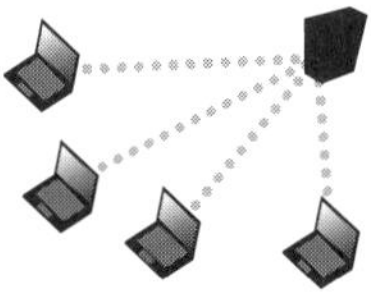

●会計システムが老朽化したので新しいソフト購入を検討しているが、導入・維持費用が思っていたよりも高額な為、足踏みしている。

●会計システムを5年ごとに買い換える必要があるため、導入･維持費用が安いクラウドにしたい。

●データのバックアップ、ウィルス対策、OSのバージョンアップ作業などを実施するシステムに詳しい人材がいないため、自社で維持･メンテナンスをするのが難しい。

●会社の成長に伴い業務が煩雑化した為、入力作業を分散化させたい。

●遠隔地（ex全国展開している支店）から入力作業をしたい。

●会計事務所とのデータのやりとりをなくし、リアルタイムで数字を把握したい。

重要なカギとなります。真の効率化を実現するためにはシステムの力が必要不可欠といってもよいでしょう。システムのみならず、サーバーやその後の維持コストを考慮した場合、クラウドサービスを利用するという選択も有効です。

不必要に高度な機能を有した高額なシステムを購入してしまった場合、その後にほかのシステムに乗り換えることは、二の足をふんでしまうことでしょう。しかし、そのようなシステムを使い続けることよる維持コストを継続して支払っていくことと、他のシステムに乗り換えることとを比較した場合、思い切って、乗り換えてしまうことのほうが、かえってコストを抑えられる場合があります。

- 今までがそうだったから。
- かなりの投資をしてしまったから。
- 自分の部署さえうまくいっていればいいから。

このような考えにとらわれず、全体的な見直しを定期的に行うことも会社全体の将来のためには必要なことといえるでしょう。

第5章

BPOの導入事例

BPOの対象業務はさまざまで、サービス提供の形態も複数存在します。BPOの導入事例から、自社のケースに置き換えて検討してみましょう。

①【ケース1】経理社員なしで親会社への決算早期化に対応

◆子会社を作ったはいいけれど

A社は上場会社が100％出資する子会社として設立されました。社員は親会社からの出向者のみの会社で、経理や総務的な業務はその子会社を所管する親会社の一部門の社員が担っています。

会計伝票も当初はその社員が起票していましたが、経理の専門的な知識があるわけでもありません。一方で親会社は上場している会社なので、連結決算のために、専用のシステムへ入力したり、最新の会計制度にも対応していかなければなりませんが、親会社の求める決算の早期化には対応できそうにありません。

◆管理機能を複数のBPO事業者へ委託

このような会社の場合、営業の観点から出向や採用をすすめていき、管理部門はなんとかなるだろうということで、自社または親会社の社員が対応するというケースがあり

ますが、管理機能まるごとを社外にＢＰＯするという方法も行われます
　Ａ社はまさにこの方法を選択し、給与計算はａ社へ、社会保険手続きはｂ社労士法人へ、記帳代行はｃ社へ、税務申告はｄ税理士法人へと、業務ごとに別々のＢＰＯ事業者へ委託しました。

　しかし、それぞれ別のＢＰＯ事業者へ頼んだ結果、横の連携がないため、例えば、本店所在地に変更があった場合は、ａ、ｂ、ｃ、ｄへ個別に連絡しなければなりません。

また、税務申告の際に見直した結果、処理に誤りがあり、経理の記帳代行者であるｃ社に連絡し、過去の処理をやり直してもらったことによりコストがかかるなど、一つの処理に複数のＢＰＯ事業者が関与するために、処理の重複や、やり直し等のコストがかさむ場合が多くありました。

　このような場合、その窓口となる社員の負担も相当なものとなりますし、連絡もれによるミスも発生しやすい状況となってしまい、ＢＰＯしたのに、ちっとも楽にならない！　ということにもなりかねません。

◆横の連携ができるBPO事業者を探す

社員を採用する選択肢も検討しましたが、子会社自身で、経理部門と人事部門にそれぞれ人を配置すること自体が難しく、仮に配置することが可能だとしても、配置した人員が一人で業務を完結できるほどの知見を有しているという保証はありません。その場合、結局は外部にチェック機能を求めることになり、結果として、コスト高となってしまう場合も考えられます。そこで、A社はBPO事業者を一つにまとめられないか、という観点から、BPO事業者の再選定を行うことを決定しました。

以前、BPO事業者を選定した際には、それぞれの業務を専門にするBPO事業者を個別に探す方法をとりましたが、調べてみると、管理系の業務全てに対応できるBPO事業者もあるようです。

◆ワンストップでスムーズなBPOを実現

BPO事業者の再選定を行った結果、想定していた全ての業務に対応できるBPO事業者e社にアウトソースすることに決定しました。

ＢＰＯ事業者を1社に集約することにより、ＢＰＯ事業者内での連携がとれているため、今までのように同じ事項を何度も連絡する手間もなくなりましたし、今まで行ってきた会計処理を決算時になって新たに見直したり、修正したりといったこともなくなり、親会社の求める翌月10日までの連結パッケージ提出にも無理なく対応できるようになりました。

また、タイムリーに会計処理の確認が行われているため、税務上の懸念事項なども定期的に共有することができるようになり、経営上の判断をするための時間的余裕も生まれることとなりました。

このように、それぞれのＢＰＯ事業者自体に大きな問題はなかったとしても、その連絡に要する事務コストやストレス、重複して確認を行うことによるコストの二重化などが生じている場合には、ワンストップで全ての業務に対応できるＢＰＯ事業者に切り替えることが有効な手段といえるでしょう。

横の連携ができるBPO事業者を探そう

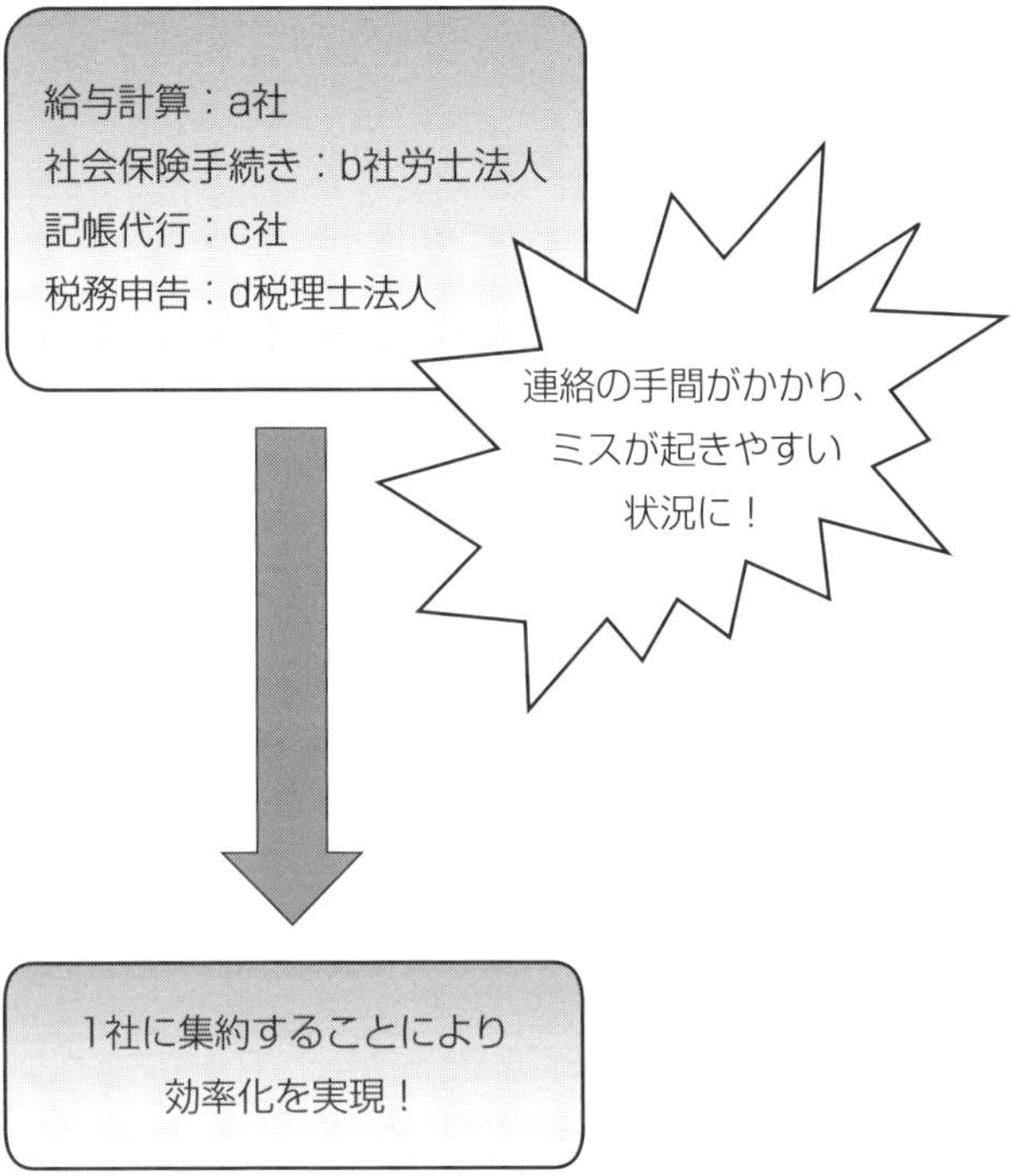
給与計算：a社
社会保険手続き：b社労士法人
記帳代行：c社
税務申告：d税理士法人
連絡の手間がかかり、
ミスが起きやすい
状況に！
1社に集約することにより
効率化を実現！

②【ケース2】新興系上場会社でのBPOの活用

◆新興系の上場会社は社員の入れ替わりが頻繁であるという事実

B社は最近、新興市場に上場した会社です。

設立して8年ですが、ここ数年で急成長したことにより、経理は慢性的な人材不足です。

また、人材不足のため、社員に負荷がかかり、退職者が多く、十分な引き継ぎもなされていません。

さらに、上場企業であるために監査対応や開示書類の作成など、対応すべき業務は多く、社員は疲弊しきっています。

一方で管理系社員は営業部門と異なり、忙しい割に給与への評価が低いため、採用も難航しているというのも現実です。

また、会計や税務の改正などにも対応しきれておらず、そのため、監査法人の指摘を受けて二度手間三度手間をかけて修正をする、といったかたちでいろんな面で悪循環に陥っています。

税理士も設立当初からお世話になってきた個人事務所のため、開示のスピードに対応できておらず、社内で税額計算を行っているものの、現在使用しているＥｘｃｅｌは退職者が作成したもので、数字のつながりが正しいかすら社内で把握している者はいません。そのため、今後税制改正が行われた場合はどのように対応していくべきか頭を悩ませています。

◆ＢＰＯを活用して、社内の人材も定着させる

人材不足を派遣社員で補い、だましだまし業務を行ってきましたが、このままでは社内にノウハウが蓄積されていきません。そこで、Ｂ社は、その活路をＢＰＯに求めることとしました。

社内の人材を育成し、定着させたい、という観点から次の3点をＢＰＯ事業者選定の柱とし、ＢＰＯ事業者を探し始めました。

- 比較的若く成長途上にある人材が多いことから、日常の伝票起票業務は社内に残すかわりに、専門的なＢＰＯ事業者にレビューを委託し、毎月タイムリーに修正や効率的な処理方法などのアドバイスを受けることにより、社外のＢＰＯ事業者を活用し、社員を成長させ、社内にノウハウを蓄積する。
- 経験のある社員が少なく、不安をかかえている開示業務について、専門的なＢＰＯ事業者に委託し、フルアウトソーシングから徐々に社員を関わらせていくことで経験をつませていく。
- 税額計算については、最終的には税理士の作成した申告書で申告すること、また、毎年改正のある税制に対応するには社内のノウハウだけでは無理があるため、社内での税額計算はやめ、開示のスケジュールに対応できる税理士へ変更する。

社員の満足度向上につなげよう

社員の知識の向上と満足度向上を支える
BPOの実現

◆社員の満足度向上につながるBPO

予定どおりBPOに移行した結果、慢性的な人員不足が解消され、社員にも余裕が生まれました。また、今までは忙しくて、調べる時間を割くことも、周りに聞くこともできなかった処理上の疑問も、BPO事業者に確認することで、社員の知識の底上げがされてきました。

期限に追われて、ただこなすだけの業務から、理解した上でこなし、成長すれば、さらに新しい業務のステージに進めるという自分のキャリアプランも描けるようになったのです。

また、上司の側からみた場合、今まで採用の選考や面接のためにとられていた時間がなくなり、時間に余裕ができました。

また、退職されてしまうのでは…と心配するあまり、本来あるべき管理や指導ができていなかった面も、改善がなされるようになり、前向きに社員の指導にあたる、経営的な側面から戦略を練るという姿勢が生まれました。

このように、会社の成長に人員数や社員の成長が追い付けず、不安定な状態で業務を行っていくことは、会社にとって大きなリスクであるとともに、社員の流動化を招き、社内にいつまでもノウハウを蓄積することができない、という負のスパイラルに陥ってしまうことになります。一度、業務を安定させて、社員の定着をさせるためには、このようなＢＰＯの活用が有効といえるでしょう。

③【ケース3】繁忙期以外は過剰人員

◆特定の期間に業務は集中する

C社の経理部門は、近年退職者も出ず、安定した人員で経理業務を順調にこなしています。一方で、繁忙期にあわせた人員体制となっているため、繁忙期以外はのんびりとしたムードがただよっています。

以前は請求書発行や伝票起票が集中する月末から月初だけ派遣社員を頼んでいた時期もありましたが、必ずしも経理業務に長けた派遣社員が来るとも限らず、忙しい時期に教えながら仕事をこなす、というのがかえって社員の負担となっていたこともあり、正社員の採用にふみきりました。その結果、繁忙期については過剰な負荷がかからないようになりましたが、繁忙期以外の期間は、人があまっている状態になっています。

当然ながら、固定給は保証されていますから、人員を増やしたことによりコストは増加しています。

そこで、上層部からのコスト削減の要請もあり、通常時期に合わせた人員を配置し、過剰な人員は人材が不足している部署へ異動させ、一部の業務をアウトソースすることを決定しました。

◆対象業務を列挙し、BPOを導入すべき業務を決定する

C社において最も業務負荷のかかる月末から月初の業務を洗い出した結果、次のようなものがBPOの対象業務として挙げられました。

- ・販売管理における請求書発行・封入・発送業務、入金消込業務
- ・月末の経費末払計上
- ・月末経費の支払データ作成
- ・月末の支払伝票起票

このうち、販売管理は、会社にとって重要なコア業務であり、社内とのリレーションも必要になることから、販売管理システムへの計上、得意先への督促の業務は社内に残すこととし、それ以外のルーティンワークに社外のリソースを活用することとして、BPO事業者の選定を開始しました。

◆BPOなら、通常時期に合わせた人員配置が可能

いくつかのBPO事業者と面談した結果、BPO事業者から、複数のシステムへ同じようなデータを投入しており、非効率になっているのではないかという指摘がありました。

C社内でも、毎回課題として上がる事項ではありますが、全ての業務を横断的に管理できるERPシステムの購入には膨大な資金がいること、また、今まで利用していたシステムが変更になることへの営業部門からの反発もあり、思うようにIT面での効率化は進んでいないという現状を説明しました。

その結果、BPO事業者からは次のような提案がありました。

・販売管理システムと会計システムとの連携ツールをＢＰＯ事業者が作成し、販売管理システムからデータを取り込むことにより、会計システム側で売上と入金の仕訳が自動計上できるようにする。
・会計システムのオプション機能を活用し、経費の未払計上と支払の伝票が自動で作成できるようにし、さらにインターネットバンキングに利用できるデータも、オプション機能から自動で出力できるようにする。

もちろん、ツールの作成やオプション機能の購入は無料ではありませんから、コストは発生します。ただ、そのような機能を実現できる統合型のシステムの購入に比べて、比較にならないほど安価な費用で済むということを知り、連携ツールの作成と、対象業務のアウトソースをすることを決定しました。

◆業務の重複をなくし、スリム化したことによりコストも削減

Ｃ社は、このように連携ツールを活用することにより、初期コストが発生したものの、

その後の業務が効率化されたことにより、当初想定していたコストよりも、ＢＰＯコストを抑えることができました。また、各システムを連携させることにより、今まで行っていた各システム間の数値の照合の手間が省けるようになり、少ない投資で効率化を実現することができたのです。

さらに、人員数を適正化することにより、繁忙期以外に暇になりすぎて、効率化を考えないようになっていた空気が、社員のほうから新たな提案などが生まれるように変わってきたという副産物的な効果も生まれ、ＢＰＯ導入によるさらなる成果を得ることができたのです。

④【ケース４】１人の熟練社員で経理業務が完結している

◆経理のことを知っているのはただ１人

Ｄ社の経理部門は、小規模の会社ということもあり、創立当初からいる社員Ｐが１人で全ての経理業務をとりしきっています。社長すらも経理業務については把握しておらず、経理のことは全てＰさんに聞けばよいと思っているので、特に問題は感じていません。

このような状況は小規模の会社に多く、それ自体は特に問題があるというわけでもありません。ただ、Ｐさんもいつかは退職していきます。このような熟練社員の場合、業務がマニュアルに整備されているということは少なく、その人の頭の中にのみ業務の流れが把握されているということが多いため、その後の人材育成に時間がかかることとなります。

将来を見すえれば、現状で特に問題が発生しないとしても、どこかで手をうっておくべきでしょう。経理の社員は支払業務なども行う関係から、ただ一人に全権を委任してしまえば、不正が発生してしまうリスクも高まります。また、会計や税務の改正は頻繁に行われます。新しい情報に付いていけず、間違いに気付かないまま前例を踏襲した結果、税務調査等で指摘を受け、大きな損害を被るということもありえます。

◆まずはマニュアル化することで将来に備える

とはいえ、Pさんは繁忙期にはかなりの残業をしているものの、もう1名採用するほどの負荷ではなく、D社のような小規模の会社で経理部門の人員を2名もかかえるのは大きな負担となります。また、現状に特に不満もありません。

ただ、Pさんにもしものことがあったら、というのも大きな不安ではあります。そこで、一度経理の業務を全てマニュアル化・標準化するという業務をBPO事業者に委ねることにしました。その上で、一部の機能をBPOして切り放すことにより、Pさんの業務を軽くするということも検討したいと考えています。

◆事前説明が大きなカギ

ここで一つの問題が生じます。BPO事業者から、Pさんの協力が得られず、スケジュールどおりに業務が進んでいないという報告が入ります。そうです、社長は十分に今回の趣旨をPさんに説明することを怠っていました。Pさんは自分の仕事をBPO事業者に委託することにより、自分の仕事がなくなってしまうのではないか、とますます仕事をかかえこむようになりました。

社長はPさんに会社の意図していること、また、マニュアル化が終われば、Pさんの繁忙期の業務を軽くするかたちでのBPOを考えていることを説明しました。また、Pさんには、今後、ルーティン業務から解放された時間を使って、銀行との折衝や経営計画資料の作成など今までは取り組んでいなかった業務にもあたってほしいというお願いをすることにより、Pさんの将来的なビジョンを描けるようにしました。

その結果、BPO事業者への円滑な協力も得られ、非効率であった業務フローの改善もなされ、業務自体を標準化することに成功しました。

また、今までPさんが行っていた処理についても見直しをした結果、いくつか誤りがあることが発見され、Pさんの経理知識を深めることもできたようです。

D社のように、経理業務がブラックボックス化している会社は多く、また、D社は問題ありませんでしたが、経理社員が1人だけということが常態化すると、不正経理や資

ブラックボックス化した経理をBPOにより「見える化」しよう

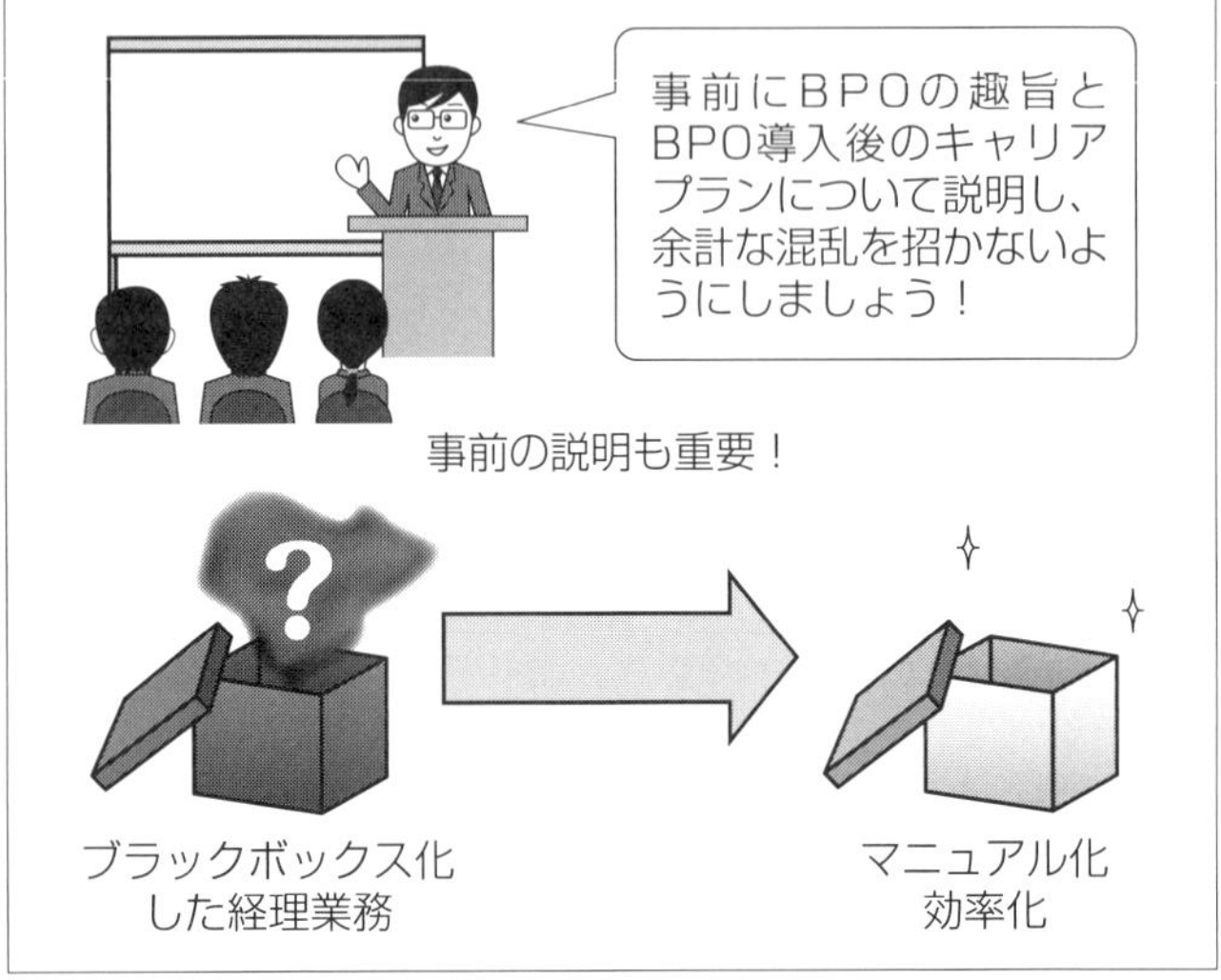

金の不正流用という問題も起きやすくなります。不正流用を起こさせない体制を、企業として、構築する責任もあります。その場合にＢＰＯ事業者を活用することにより、外部の目を入れ、チェック機能を働かせるということは有効な手段といえるでしょう。

⑤【ケース5】不正流用を牽制したい

◆経理部員が1人しかいない場合、不正は発見されにくい

E社は、3社が共同出資することにより設立された会社です。営業部門のほとんどは、3社から出向してきた社員により構成されており、管理部門の部門長も出向社員が担っていますが、経理については、あまり詳しくないことから、E社のプロパー社員として採用されたOさんに経理業務の全てをまかせています。Oさんは、他社で経験をつんだベテランの経理マンだったため、管理部門長も絶大の信頼を寄せています。

支払データの承認も、当初は管理部門長が行っていましたが、不在のことも多く、緊急の支払がある場合に対応できないということから、Oさんにも一定金額までの承認権限を付すこととしました。また、経理処理の細かい点についてはわからないため、Oさんにまかせきっています。

◆不正発覚が遅れれば大変な損害に

ある日、営業部門の社員から、「取引先から支払が滞っていると連絡があったがどうなっているか」という問い合わせがあったため、確認したところ、Oさんからは「支払がもれていたようなので、至急、支払処理をします」という回答がありました。

その後、そのような問い合わせがほかからも寄せられるようになり、心配になり、調査したところ、Oさんが、会計処理上は取引先への支払をしているような処理をした上で、不正に資金を流用していることが発覚しました。

不正流用に気付くのが遅れたため、その金額は1000万円にものぼるものとなっていました。また、取引先からも、入金が遅い会社という印象をもたれてしまい、出資を受けている3社へも今後の体制への説明を求められています。Oさんは解雇されることとなりましたので、至急、後任を採用しなければなりませんが、1人採用しただけでは、また同じ状況を作りだしてしまうこととなります。

◆BPO事業者を活用することにより牽制機能を有効にする

管理部門長は、その活路をBPO事業者に見出すことにしました。BPO事業者なら、BPO事業者内部でのチェック体制が確立されており、万が一不正流用が発生した場合でも、BPO事業者が損害額に対する賠償責任を負うという点で、有効であると考えたからです。

その一方で、外部に支払権限を完全に委任してしまうことは会社の管理体制として問題があるのではないかという点がネックでした。

しかし、BPO事業者からの提案によれば、支払の最終承認権限はBPO事業者側にはないということがわかりました。BPO事業者側のインターネットバンキングにおける権限を制限することにより、データ作成や閲覧のみの権限を付し、BPO事業者側単独では支払を完了できない設定にすることにより、懸念していた問題も払拭されました。

このように、通常、社内で牽制機能を働かせるためには、複数人の体制としなければならないところ、BPOを活用することにより、その機能を外部に持つことができます。

その上で、最終の承認や判断等を社内に残し、会社側からもBPO事業者へ牽制を利かせるという体制であれば、万全といえるでしょう。

また、経理の社員が1人という状況の場合、会計・税務の情報はその社員1人の知識に依存してしまうこととなります。

会計・税務の改正は頻繁にありますから、最新の情報についていけているか不安な面もありますが、BPO事業者であれば、その仕事を専門としたスタッフを大勢かかえていますので、常に最新の情報を得られるという点でも有効です。

さらに、不正経理が万が一行われたとしても、その責任がBPO事業者側にある場合、契約上、その損失が担保されているという点でも、BPOの活用は有効な手段といえるでしょう。

第6章

経理業務の標準化・早期化

ＢＰＯを語る上で、「標準化」はキーワードの一つです。本章では、「標準化」をテーマに、その内容と、標準化の成果である決算業務の早期化について考えてみましょう。

① 経理業務の標準化とは？

◆人生いろいろ、経理もいろいろ？

「経理は数字を扱うものだから、誰がやっても一緒でしょ？」そう思っている方も多いかもしれません。いま金庫に100万円あるとした場合、数え方さえ間違えなければ、AさんもBさんも、「100万円あります」、と報告を行うでしょうし、帳簿上も「現金100万円」と合わせてくるはずです。

正しく業務をこなせば、誰がやっても同じ数字になる。確かに、それも一面ではあります。しかし、見た目が同じように見えても、掘り下げてみると、実は経理もいろいろなのです。

◆見た目は同じでも、品質とスピードが違う！

では、報告内容についても、誰がやっても同じといえるでしょうか？　例えば、Aさんは、お金の日々の動きを正確にトレースした上で、「現金」残高を100万円にして

経理業務にも品質とスピードに差が出る！

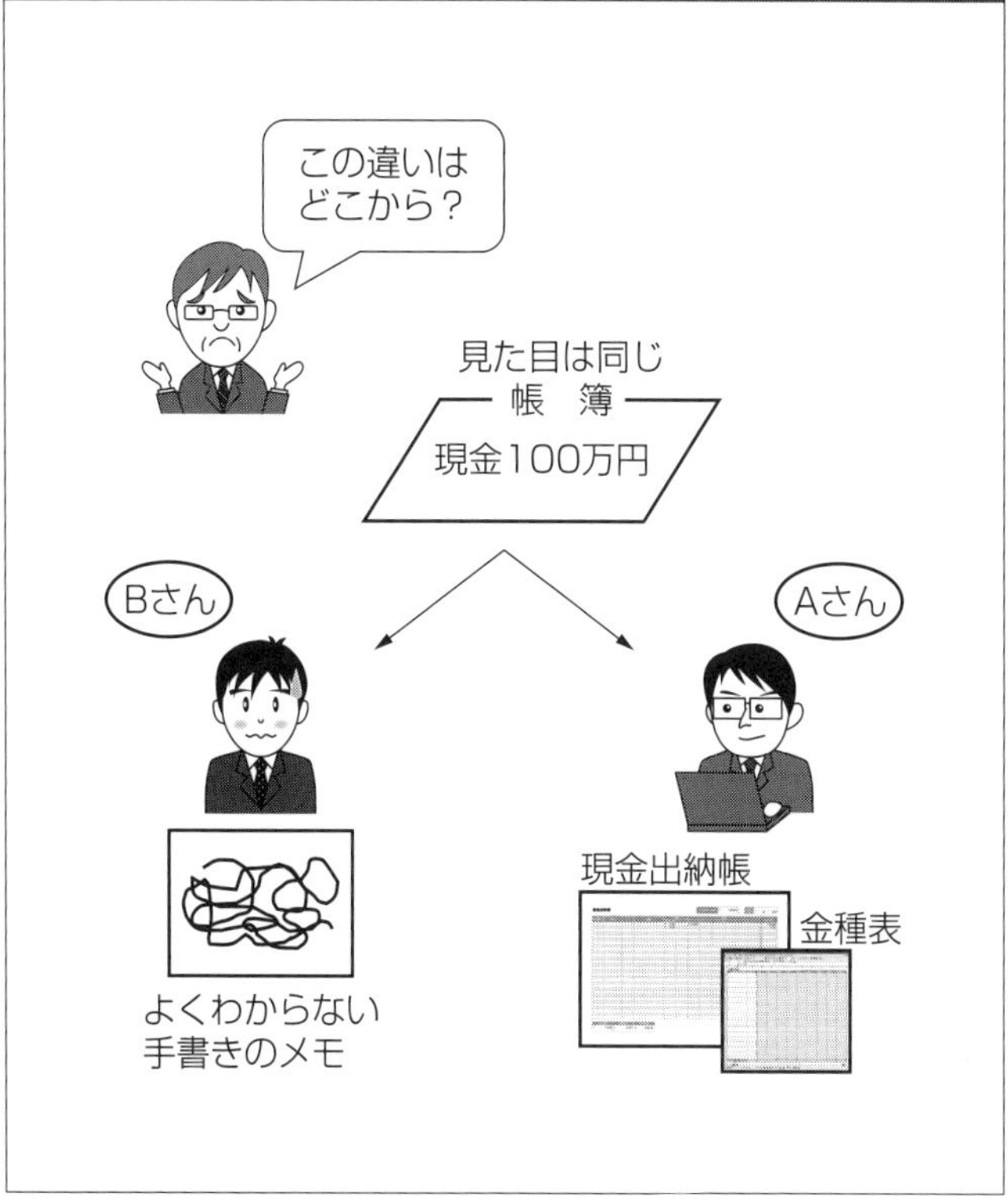

います。また、どのお札がいま何枚あるのかを記載した金種表を作成した上で報告を行っています。

一方で、Bさんは金種表を作成しておらず、帳簿の「現金」残高は100万円になっているものの、入出金の内容があいまいで、かつ、よくよく中身を見てみると「現金過不足」という原因不明の項目まであり、単なる数合わせになっています。

Aさんの報告内容とBさんの報告内容を比べてみて、どうでしょうか。Aさんの報告内容の方がより正確で、信頼性がありますし、現金の増減理由もわかります。つまり、Aさんの経理業務の品質の方が高いのです。

では、スピードはどうでしょうか？　Bさんの方が手を抜いているから早い？　実は、そうともいえません。Bさんは金庫のお金と帳簿の残高とがずれていることに気付いて、その原因の調査にかなり時間を掛けているはずです。その結果、原因がわからなかったので、「現金過不足」という勘定を使っているのです。一方で、Aさんの方は、日々現金を合わせているので、報告を求められれば、Bさんのような追加的な作業をすることなく、即対応できます。

経理業務では、手を抜いた結果、逆に時間がかかることも多いのです。差異の調査に時間を無駄にした結果、Bさんの報告の方がAさんの報告より遅くなることは、よくあることなのです。

◆経理業務の品質とスピードを高めるのが「標準化」のねらいです！

Bさんの経理業務は、現状、「品質」と「スピード」が低いといえます。では、どうすれば、「品質」と「スピード」を高めることができるのでしょうか？　Bさんの経理業務の「品質」と「スピード」が低い理由は、あきらかです。

Bさんは、自己流で経理業務を覚えた結果、補足資料の作成や確認作業等を行っていないのです。現金を数えて、その結果に帳簿を合わせれば十分だと考えているのかもしれません。

Bさんの経理業務を改善する近道は、Bさんの自助努力に任せることではなく、経理業務のルールを決めて、それをBさんに遵守させることです。

例えば、

・入出金があった時点で、忘れずに帳簿に記帳するようにする。
・金庫の現金は、毎日退社前に数えるようにし、その結果を金種表に記録する。
・毎日、帳簿の残高と金種表の一致を確認する。

といったルールを作り、これをBさんがしっかりと実践すれば、Aさんの業務と同水準の「品質」と「スピード」になるはずです。

◆無駄を削って、さらなる「標準化」を！

実は、Aさんよりも、報告内容が正確で、より早く報告できるCさんがいます。その秘訣はなんでしょうか？

社長「Cさん、わが社の現金はいくらかね？」

Cさん「はい、社長、ゼロ円です」

そうです。Cさんの会社では、社内に現金を置かないキャッシュ・レス経営をしているのです。だから、Cさんは絶対に間違えることなく、即答できるのです。ミスをしない人はいません。そういう意味では、Aさんがどれだけ現金の実務に熟練しようとも、

Ｃさんには勝てませんよね。

裏技っぽい感じもしますが、経理部員の資質に影響されないルール作りを行うことのほか、そもそもミスが起こらない仕組みを作ることも、「標準化」の有力な手法なのです。

◆結局「標準化」って何？

経理部門はさまざまな課題をかかえているものです。

それは、経理部員の資質の問題かもしれませんし、経理業務の仕組みの問題かもしれません。しかし、資質の問題にしても仕組みの問題にしても、経理業務のルールと仕組みを変えることで解決できる問題であり、そうした意味で何かしらの「解」があるはずです。そして、その「解」は、経理実務の問題である以上、机上で考えるだけではダメで、実際に経理業務の業務プロセスを見直す中で模索されるものです。

つまり、「経理業務の標準化」とは、**「業務プロセス改善活動を通じて、経理部門のかかえている課題を解消し、経理業務の品質とスピードを高めるための強力なツール」**なのです。

標準化により課題を解決しよう

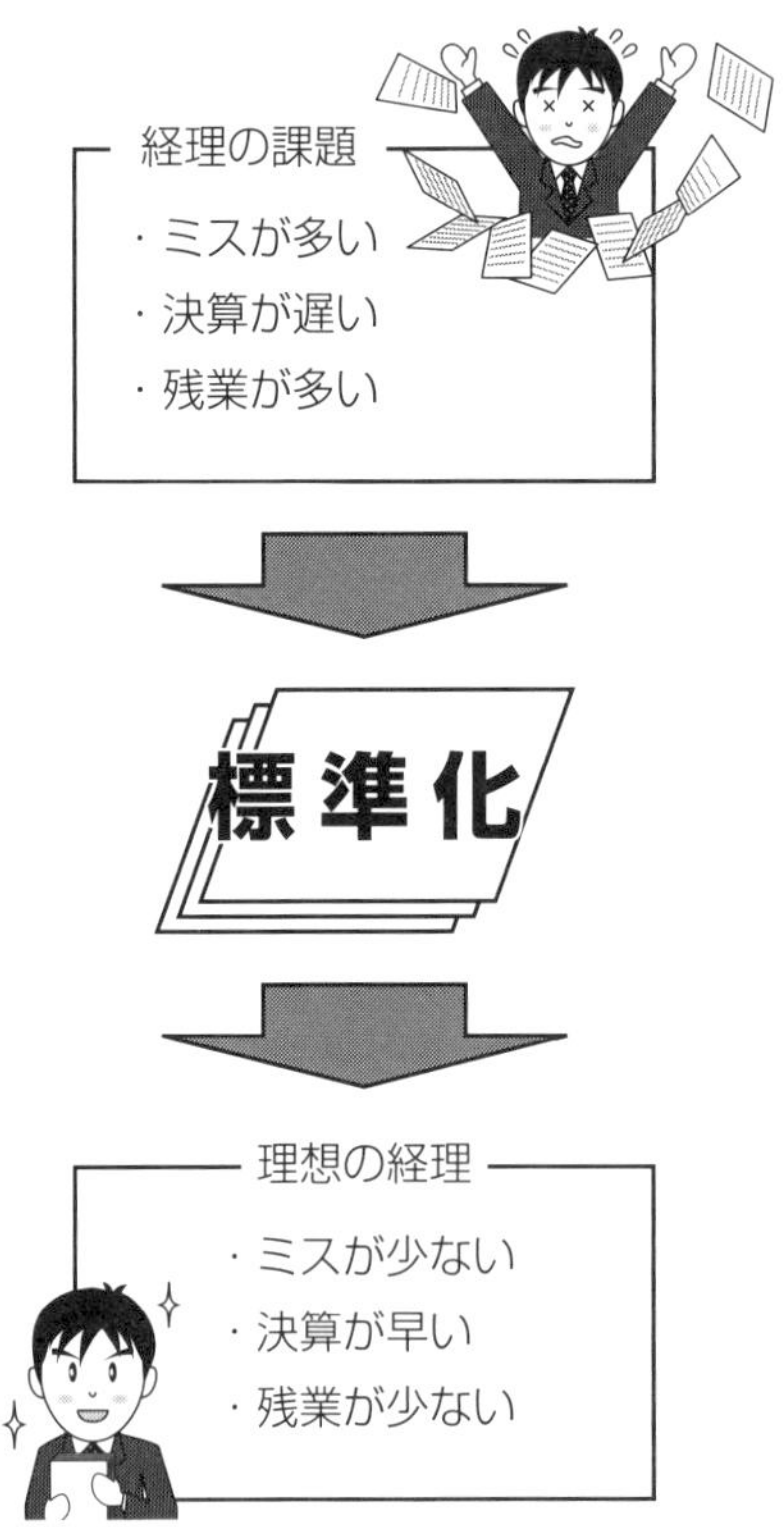

② 決算業務の早期化とは？

◆究極の早期化＝1日決算？

世の中には、決算日から1日で決算発表を行っている上場会社がありますよね。仮に、いま10日かかっている決算報告をたった1日まで短縮できれば、それこそ、究極の早期化といえるでしょう。ただし、一つ気を付けないといけないことがあります。

◆報告のタイミングの早さと報告の内容の早さは別のもの

次ページの図のとおり、A社は、6月1日に5月度の月次報告を行っている会社です。5月末の翌日に5月度の報告を行っているわけですから、決算業務の早期化が進んでいる会社に見えるかもしれません。しかし、実は大きな問題があるのです。

A社の5月度の月次報告には、従業員の給料として500万円が計上されています。5月度の報告ですから、当然、5月実績分の労働の対価に見えます。しかし、この500万円は、実は、4月実績分の労働の対価の給料だったのです。

最新の業績報告ができているのはB社！

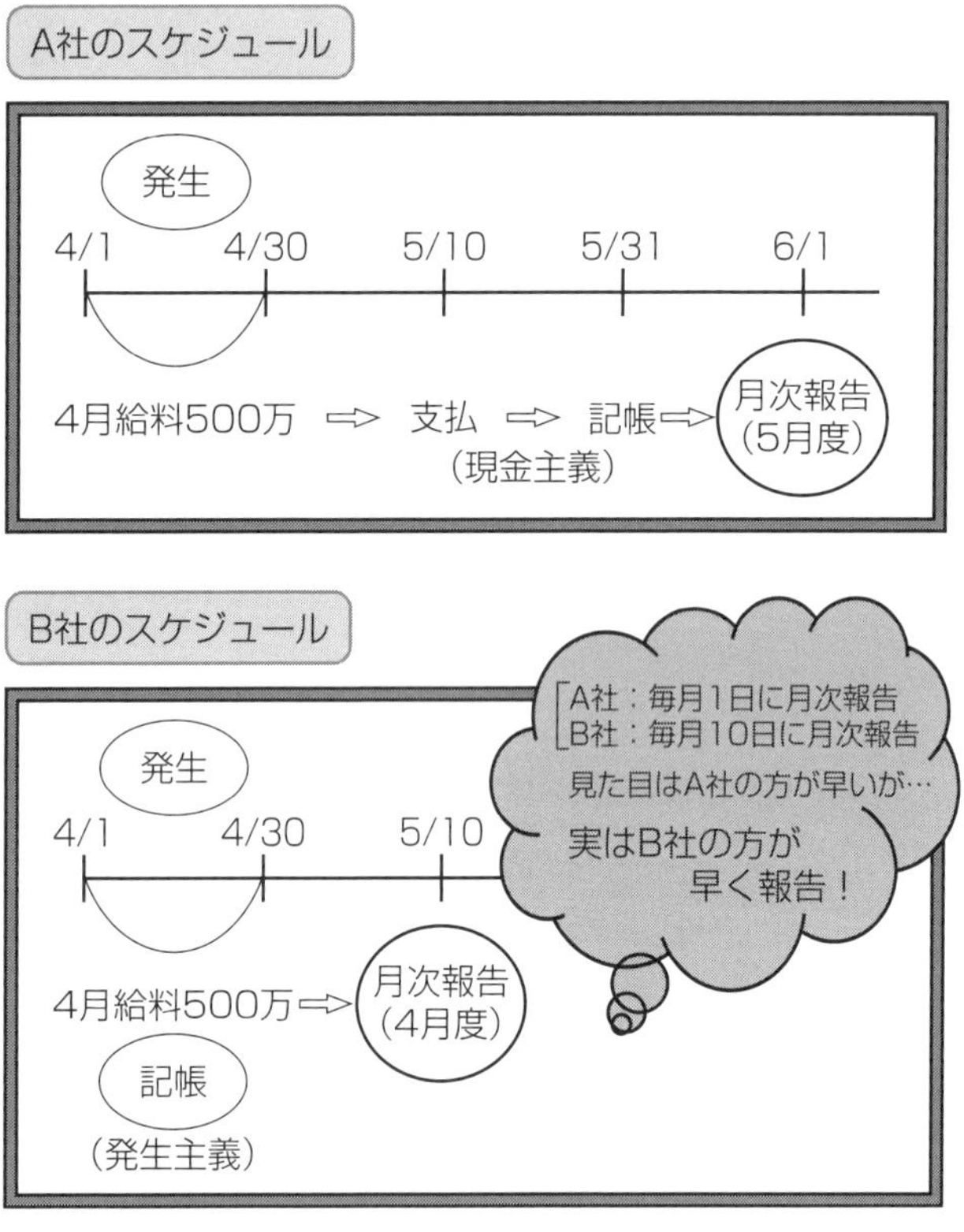

その理由はこうです。A社は、給料を支払った日に給料計上の伝票を作成しています。4月の給料の支払日は翌月5月10日でした。5月に計上されている給料は、5月10日支払分ですから、4月分の給料になるわけです。

A社の月次報告を精査してみると、給料のほかにも、多くの4月発生分の経費が5月度の月次報告に含まれていました。4月発生の内容を6月1日に報告しているわけですから、一見すると早いはずが、発生から報告まで1ヶ月経っており、実は遅いという皮肉な結果だったのです。

◆なぜ決算に取り込めないのか

うちの決算は早いと信じていたA社社長は、この結果を知って、大変驚きました。早速、経理担当者を呼び出して、5月度の月次報告に5月発生の給料や経費を取り込めない理由を聞きました。

その理由は、**間に合わないから取り込んでいない**というものでした。これはどういうことでしょうか？　何が何に間に合っていない、ということでしょうか？

二つのポイントをおさえて、決算業務の早期化を目指そう

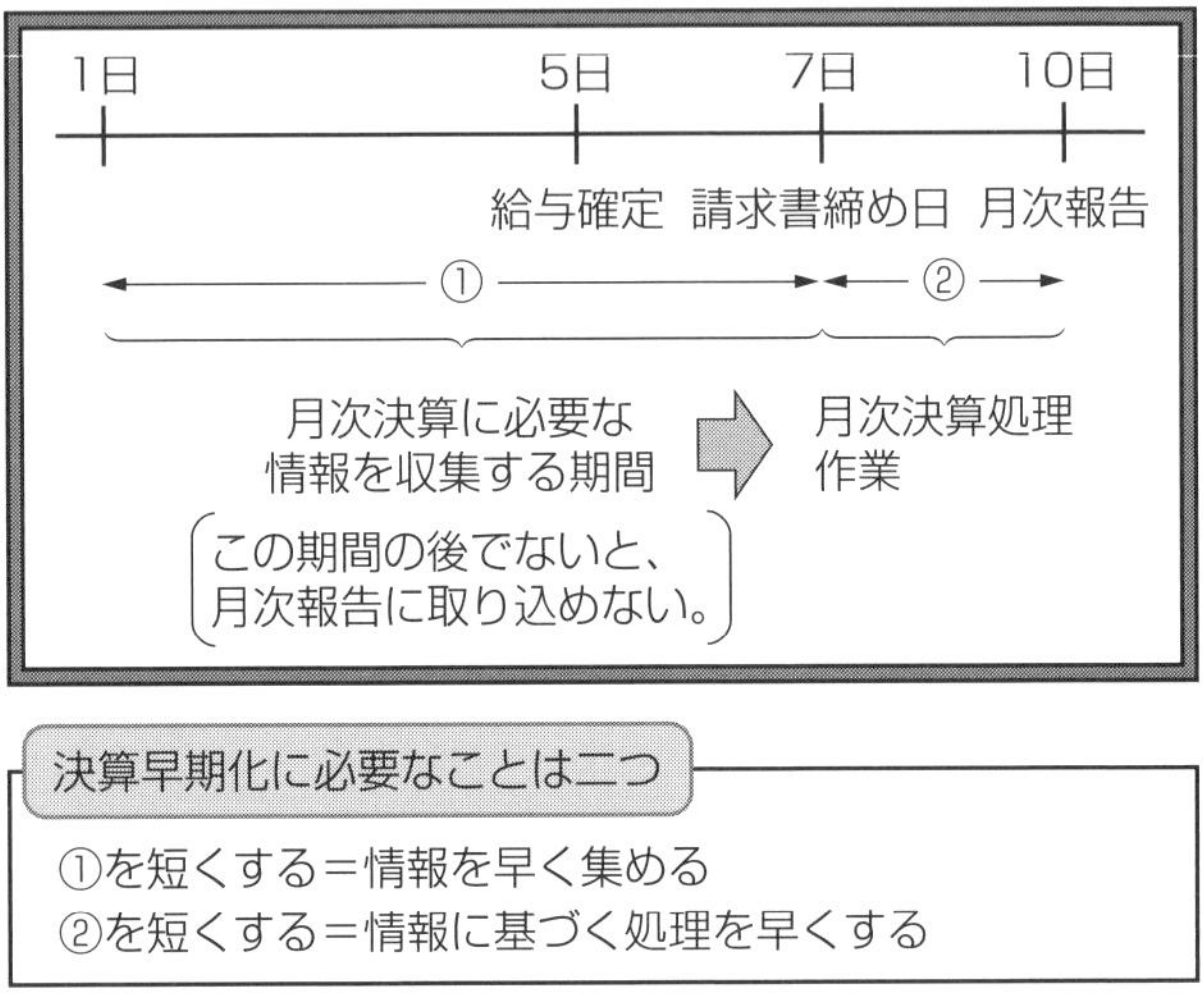

Ａ社の給与計算は、毎月１日から計算し始めて、毎月５日に完了します。決算報告の６月１日の時点では５月発生の給与の金額が決まっていない、つまり、給与計算が決算報告日に間に合わないから取り込めていないのです。

経費も同様です。月末を締め日としている取引先であれば、月初から１週間前後で請求書が届くことが多いはずです。請求書の入手が決算報告日に間に合わないから取り込めていないのです。

発生主義を活用して最新の業績情報を伝えよう

4月給与（500万）を5月10日に支払った場合

	4月	5月
発生主義	給料500万を計上 未払給料500万	給料の支払500万
現金主義	何もしない	給料500万を計上 給料の支払500万

経営者は、4月度の月次決算でこうした情報が欲しい。

現金主義による月次報告
発生主義による月次報告
両者は内容が異なる！

◆経営者が知りたい情報は？

実は遅い情報だったA社の月次決算報告ですが、銀行預金の残高だけは正確なものでした。預金の増減については、漏れなく正確に処理されていたからです。

現金や預金の増減があった時点を基準に記帳をしていく考え方を現金主義といいます。A社の給与や経費の処理は、この現金主義に基づいた処理だったのです。

決算書は、銀行預金の残高があっていれば、それでいいという

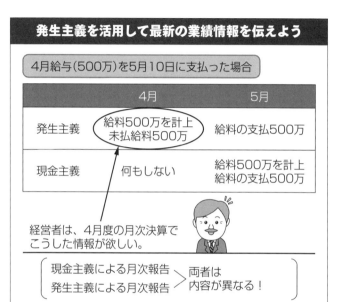

経営者はいるでしょうか？　預金の増減を把握するだけであれば、預金通帳を見ればわかりますので、わざわざ決算書など必要ありません。経営者が決算報告を求めるのは、いま会社に何が起こっているかを知りたいからです。

会社に起こっていることとは、例えば、取引の結果、翌月に100万円の支払義務が生じた、などいった事実であり、必ずしも、入出金を伴いません。つまり、こうした事実の発生は、預金残高の動きだけではわからないものです。

事実が発生した時点を基準に記帳をしていく考え方を発生主義といいます。

いま会社に起こっていることを経営者に報告するためには、発生主義による記帳が必要になるのです。

◆発生主義と決算早期化

会社にとって意味のある報告をするためには、発生主義を放棄して、決算早期化を目指しても意味がありません。発生主義で記帳するためには、情報収集のために、決算日を過ぎてから一定の準備時間が必要になります。

一方で、全ての請求書がそろうまで待っていれば、決算報告が大幅に遅れてしまいます。そこで、一定の期日で区切って、その締め日までに情報を収集し、速やかに決算書を仕上げることが合理的だといえます。

◆結局、「早期化」って何？

決算業務の早期化は、次の二つに集約されます。

- **決算に必要な情報を、可能な限り漏れなく正確に、早く集めること。**
- **集めた情報に基づき、速やかに決算を確定させること。**

情報の集め方を工夫するとともに、無駄な作業を削減！　月次報告までの日数を短くすることを決算業務の早期化と呼ぶのです。

◆決算業務の早期化と経理業務の標準化

「情報の集め方を工夫する」「無駄な作業を削減する」といった説明に、ピンと来た方もおられると思います。そうです。工夫や削減の典型的な形は、ルールや仕組み作りであり、まさに経理業務の標準化ですよね。

決算業務の早期化には、経理業務の標準化が必要なのです。言い換えれば、**経理業務の標準化は、決算業務の早期化のための手段**なのです。

一方で、経理業務の標準化は、経理業務の「品質」と「スピード」を向上させるツールです。経理業務の「品質」と「スピード」をはかる上で、最も参考になるのは、決算業務の品質とスピードといえます。つまり、**決算業務の早期化は、経理業務の標準化の目標**なのです。

標準化と早期化の関係をおさえて、経理の品質とスピードを向上させよう

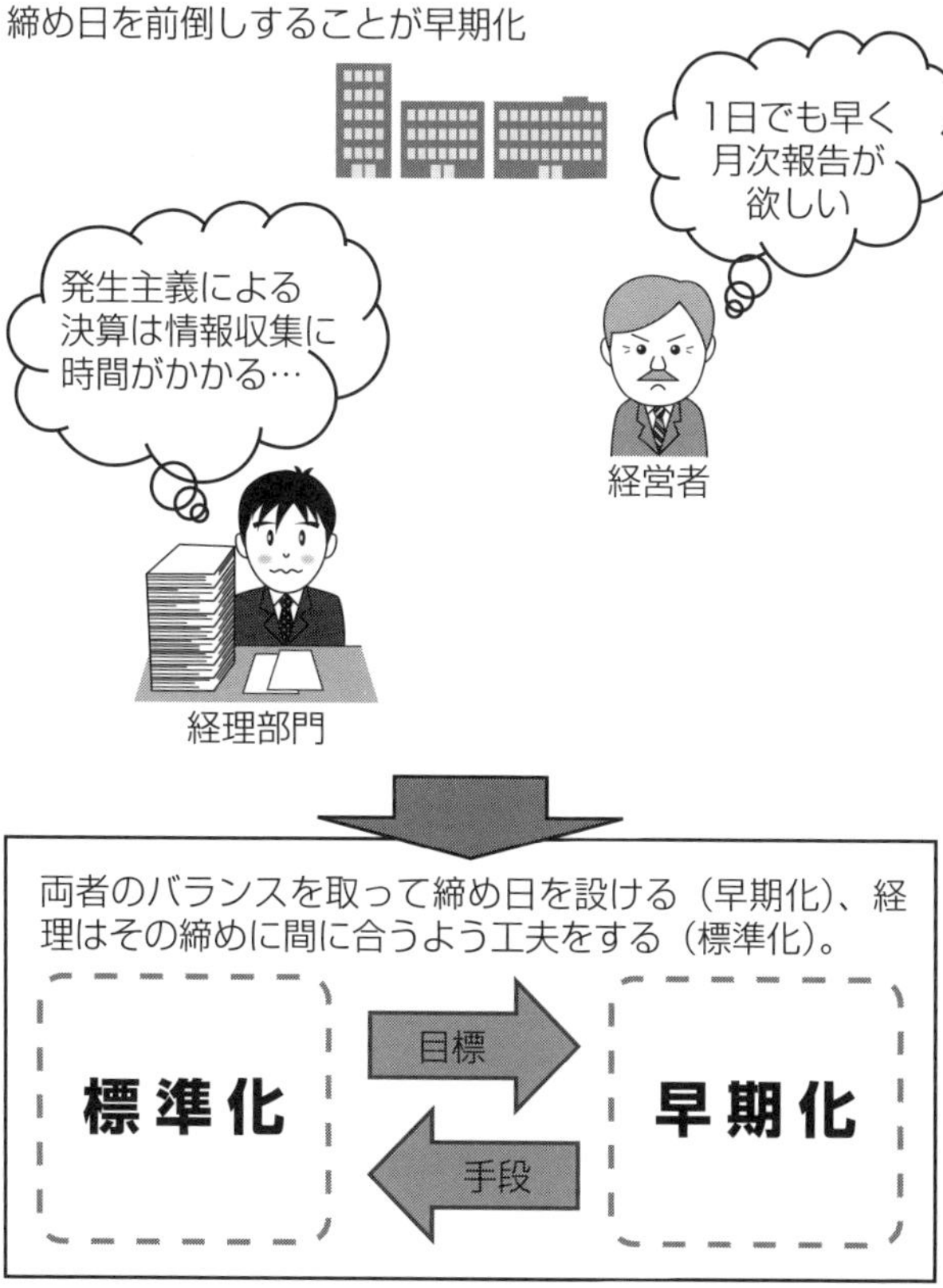

③ 経理業務の見える化

◆では、何から始めればいいのか？

経理業務の標準化には、決算業務の早期化の視点が必要です。そういわれても、経理業務の標準化を何から始めればいいのか、なかなか難しいものがあるのではないでしょうか。

マニュアルの整備やルール化、マスタ設定等は、積み重ねが重要です。一方で、ある程度積み重なるまで、成果が見えにくいのも事実です。

また、会計期間の途中で取り組もうとしても、従来のルールや従来のマスタ設定で途中まで帳簿ができていますので、意外に変更するのが億劫でもあります。

そうしたことを理由に、標準化の必要性は理解しつつも、実際の作業は進まないということはよくあるパターンです。

そこで、視点を変えてみて、まずは、現状の経理業務の「見える化」から標準化をはじめてみるとよいでしょう。

◆「見える化」から始める標準化

書店で業務改善の本を探すと、「見える化」という言葉をよく目にします。「経営の見える化」「営業の見える化」「仕事の見える化」などです。

なぜ、「見える化」という言葉がよく使われるのでしょうか。

「見える化」の良いところは、はじめやすい点にあります。現状の業務フローを「見える化」することでスタートラインに立てるのです。

業務の標準化が進んでいない会社であっても、進んでいないなりに、とりあえず「見える化」することで、問題点を明らかにし、業務改善へとつなげることができます。

一方で、現状を「見える化」しただけで何もしなければ、決算の早期化へはつながりません。「見える化」をきっかけに、経理業務の標準化へと次のステップに進んではじめて、決算業務の早期化が実現するのです。

◆「見える化」から次のステップへ

「見える化」の成果物として、例えば、次のようなものを作成したとしましょう。

- ・現状の経理業務の一覧
- ・作成しているExcel表の一覧
- ・現状の決算スケジュール

これらの資料から、業務改善等、次のステップへとつなげるために必要なものは、何でしょうか？

それは、あるべき経理業務の姿と比べて、現状のどこが非効率になっているのか？という比較の視点です。

一例を挙げると、

・決算日を過ぎてから処理しているものの中には、日常業務で処理できるものもあるのではないか？

といった視点です。

現状の決算スケジュールから前倒しできる業務を探して、早いタイミングで処理できれば、その分、決算業務の完了が早くなるのは明らかです。

その他にも、

・現金預金が決算日に締まっているか？
・組替表に余計な仕訳が入っていないか？

などの視点があります。

日常業務がしっかりまわっていれば、決算日のうちに現金預金が締まるのがあるべき

理想をもって、具体的な業務改善プロセスへ進んで行こう

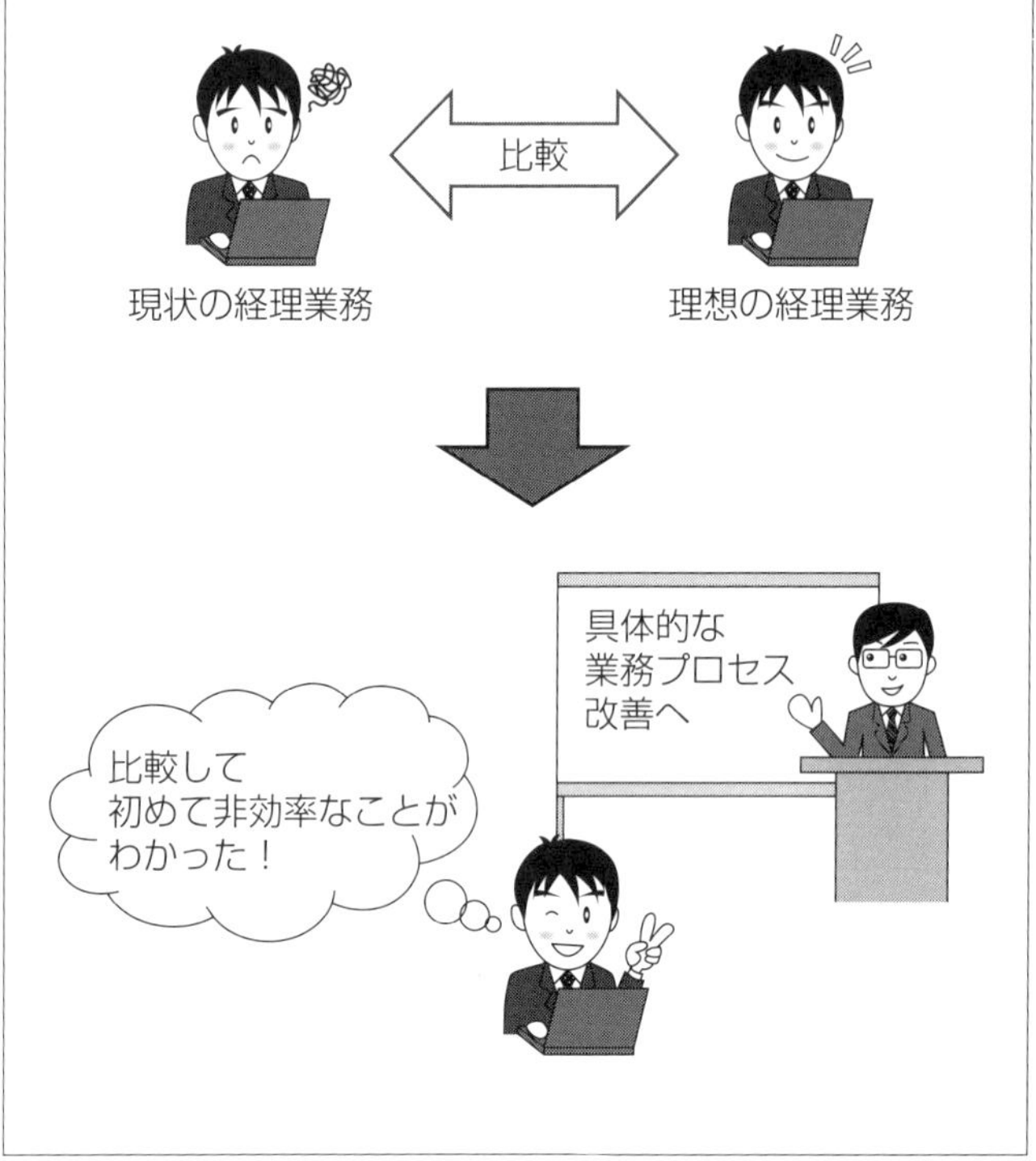

姿ですし、組替表については、日常業務の中で、決算を意識して伝票を入れていれば、そもそも必要のないものも多いのです。

このように、「見える化」から、業務の前倒しや不要な資料の削減等につなげて、決算業務の早期化を目指すのが、理想的な姿といえます。

◆「見える化」のさまざまな効果

「見える化」の効果は、業務の前倒しや削減の他にも、次のとおり、さまざまなものがあります。

業務フローを目に見える形にすることで、経理業務の属人化を防止できます。業務フローの中から、より難易度が高い業務やミスが起こりやすい業務を特定し、マニュアルや、チェックリスト等を作成し、運用していくことで、実務経験の浅いスタッフでも、一定の品質およびスピードで業務をこなせるようになります。

業務フローを分析した上で、目的意識をもって、マニュアルやチェックリストを作成することは、マニュアル、チェックリストが形骸化することを防いでくれます。

優先順位をはっきりさせて、賢く「見える化」を実現しよう

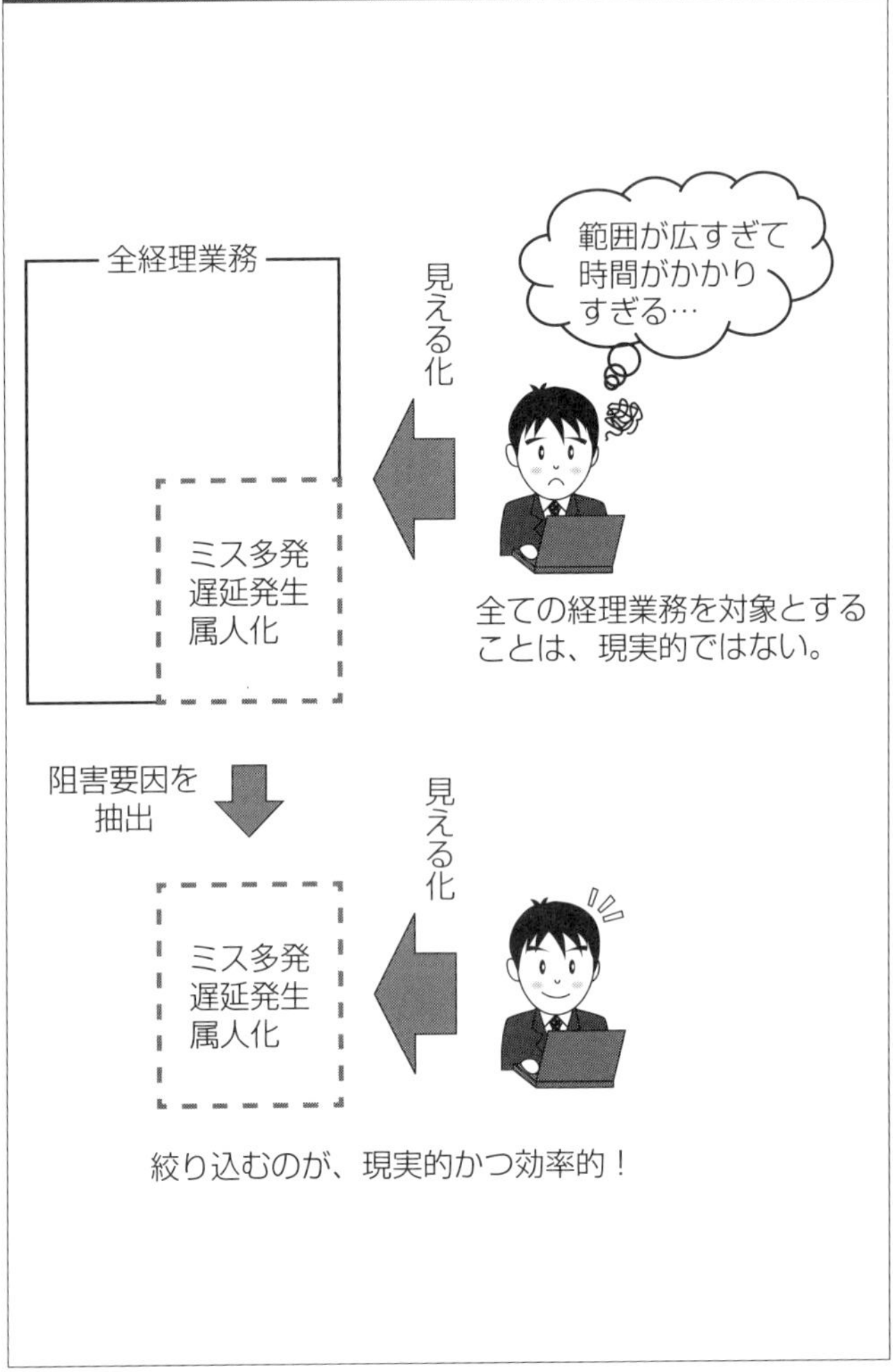
全経理業務
見える化
範囲が広すぎて
時間がかかり
すぎる…
ミス多発
遅延発生
属人化
全ての経理業務を対象とすることは、現実的ではない。
阻害要因を
抽出
見える化
ミス多発
遅延発生
属人化
絞り込むのが、現実的かつ効率的！

◆「見える化」の優先順位は？

経理業務をどう「見える化」するのか、という点は、それほど難しい話ではありません。業務フローやマニュアル、チェックリストなどの形になります。

一方、どの経理業務を「見える化」するのか、という点は少々厄介です。最終的には全ての経理業務の「見える化」を目指すとしても、「見える化」には工数がかかりますので、優先順位をつけて、限られた経理リソースで対応する必要があるのです。

標準化の目標は、決算業務の早期化です。「見える化」を優先的に進めるべき経理業務は、ミスの多発やスケジュールの遅延、属人化の進行など、経理業務の品質やスピードを確保する上で阻害要因になっている業務であるべきです。

企業によって阻害要因となる経理業務はさまざまですが、一般的には、決算業務と、特定の子会社の経理業務が阻害要因となることが多いといえます。

④ 決算業務の見える化

◆問題だらけの決算業務

品質やスピードの阻害要因となる経理業務は、企業によってさまざまです。しかし、ほぼ全ての企業が問題を抱えているのが、決算業務です。

①ミスが多くて何度も修正が入る。
②修正に時間がかかって、決算スケジュールが遅れてしまう。
③遅れをカバーするために、経理部員の残業が増加する。
④労働環境が良くないため、経理部に人が定着しない。
⑤人が入れ替わる結果、経理部にノウハウが蓄積せず、ミスを繰り返す。（①に戻る）

まさに、負のスパイラルですね。ここまでひどい状況でなくても、この例を見て、何かしら思い当たる経理担当者の方も多いのではないでしょうか。

負のスパイラルは、「見える化」で断ち切ろう

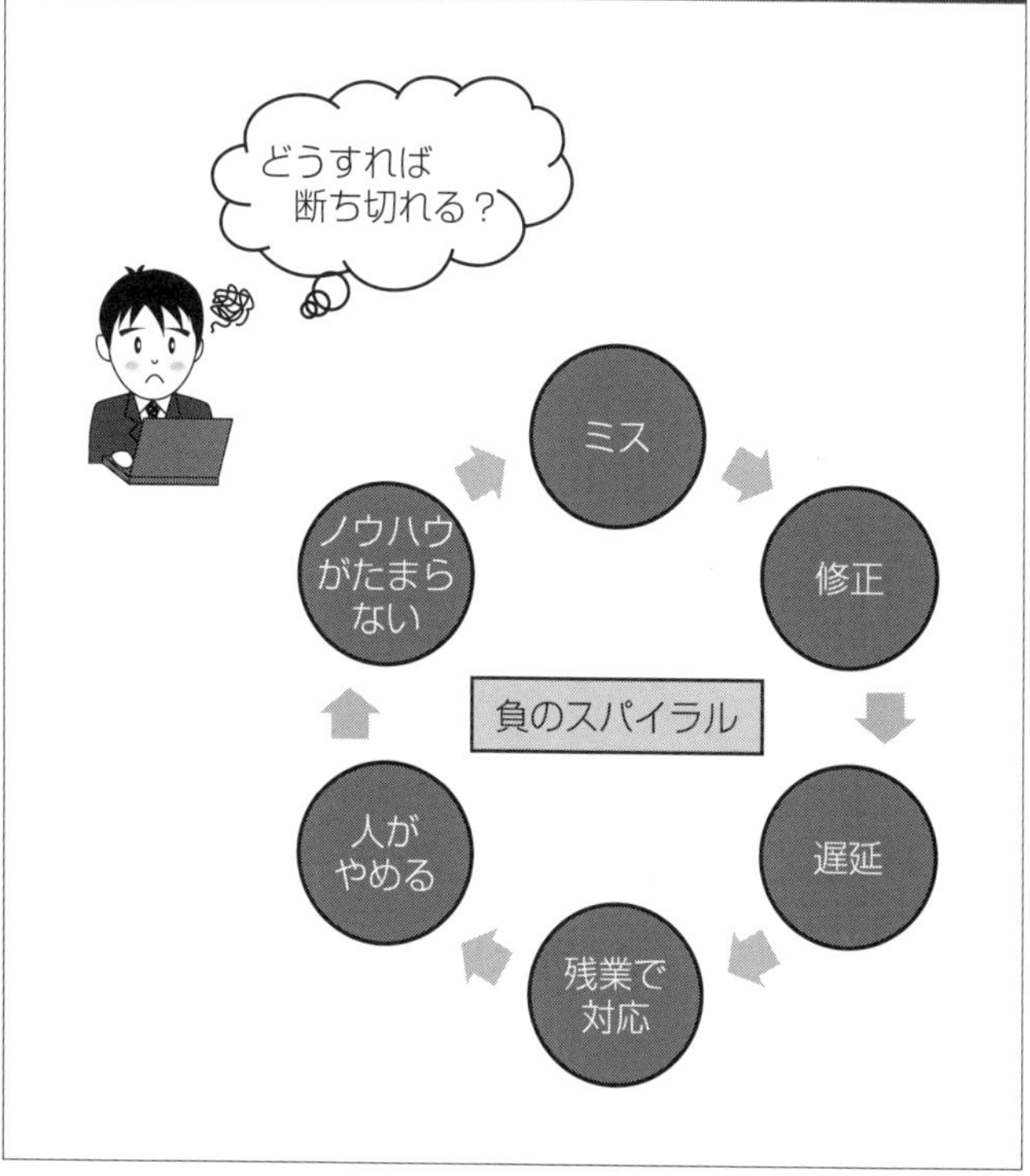

◆決算作業と決算スケジュールを「見える化」する

このように問題の多い業務こそ、「見える化」の出番です。決算業務において、どのような資料を誰がいつ作成しているのかを「見える化」するのです。「見える化」することで、次のようなことが可能になります。

・決算資料の作成漏れを防止
・資料の重複や、他の資料で代替可能な資料を洗い出して、決算資料を合理化
・経理部員の間での業務の分担や連携の見直し
・決算スケジュールの予定実績の比較による進捗管理
・ミス多発や作成遅延の要因を解消し、決算スケジュールを早期化

こうした業務改善を重ねることで、決算業務の早期化が見えてきます。

◆作成した決算資料は、「決算ファイル」にまとめる

決算作業をしていると、参考にしたい前期の資料がすぐに見つからなくて、探し出すのに時間がかかってしまうことがあります。特に、前任者から引き継いだ場合などでよくある話ですね。

Ｅｘｃｅｌデータなどの場合は、社内で共有フォルダを作って、ルールに基づいて格納している企業が多いでしょう。これも標準化の一つですね。このようなデータ管理に加えてお薦めしたいのが、決算作業で作成したＥｘｃｅｌデータなどを紙で打ち出して、1箇所に集めてファイリングすることです。

お薦めする理由は、費用対効果の優れた「見える化」の手法だからです。

決算資料が一つのファイルにまとまっていれば、必要な決算資料が行方不明になることはありませんし、決算数字の根拠資料が必要な時に、探す手間が短縮でき利便性に優れるからです。後任への引継ぎ作業や、会計監査等でも使うことができます。

次ページの図のように決算作業の分担表や決算スケジュールを一緒にファイリングすれば、文字どおり、決算業務の全体を「見える化」できることになります。

「決算ファイル」を作って、決算業務を「見える化」しよう

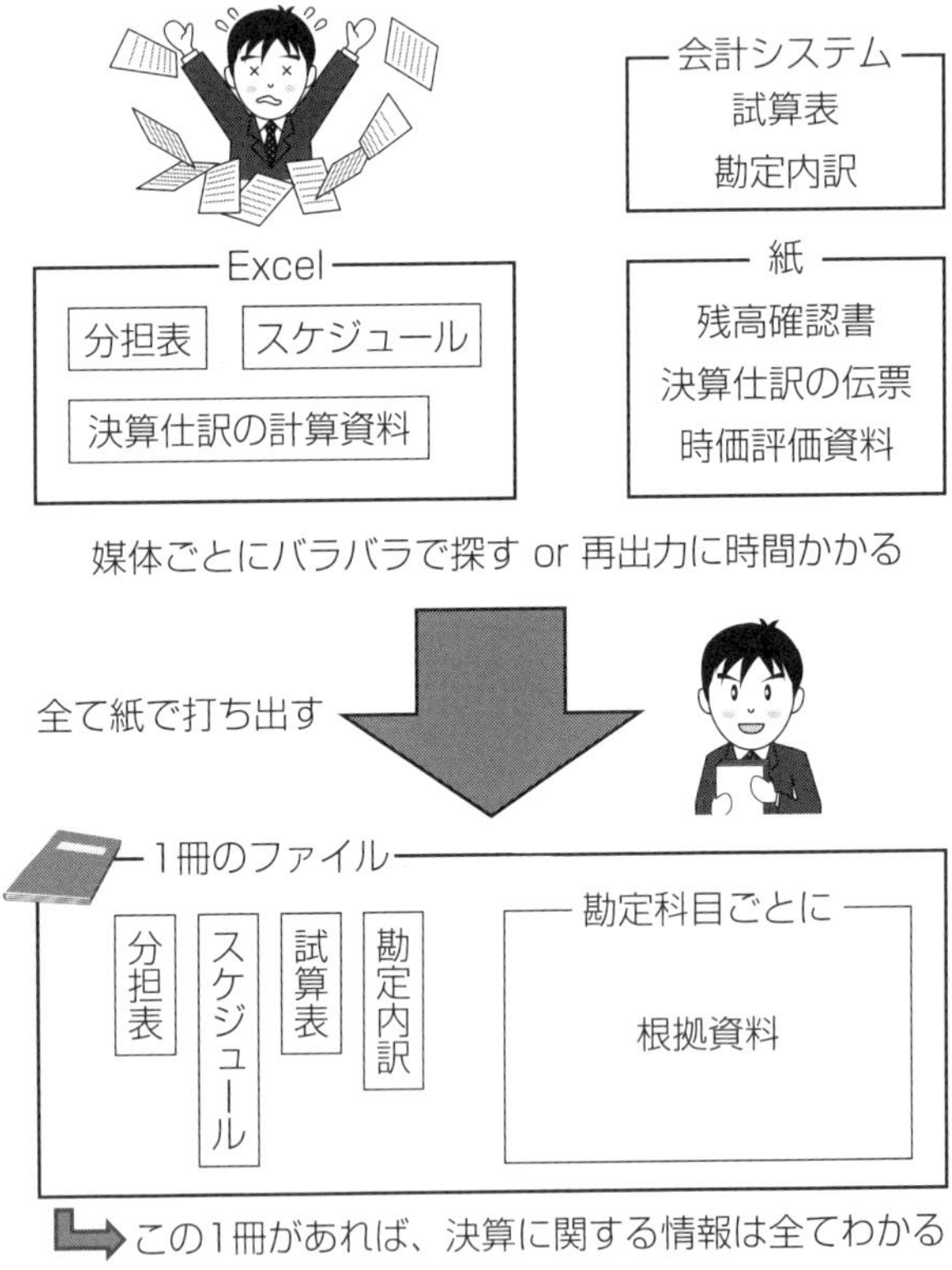

⑤ 子会社決算と標準化

◆意外とネックになる子会社決算

ここまで個別の会社の決算を前提に話を進めてきました。しかし、数多くの連結子会社を抱えている連結決算においては、連結子会社の決算業務がボトルネックになっていることも多いのです。

ボトルネックになる理由として多いのは、次のようなものです。

- ・営業主体の子会社のため、経理部門に十分なリソースがなく、ミスが多い。
- ・ベテラン担当者が一人で処理しているために属人化が進んで資料がわかりにくい。

◆子会社決算の標準化の必要性

1社でも連結子会社の情報が揃っていなければ、連結決算を締めることはできません。したがって、連結精算表などの連結決算の処理に入る前に、全ての連結子会社の単体決算数字や、連結会社間の債権債務残高や取引高等の情報を入手しておく必要があります。

しかし、各連結子会社に任せておくと、次のような理由で、うまく行きません。

・勘定体系が異なるため、親会社の勘定体系へ変換が必要。
・資料のフォーマットがばらばらで、必要な情報をすぐに探せない。
・経理のレベルの低い連結子会社では、情報の漏れや間違いも多発する。

これらは、報告のフォーマットや作成のルールを統一することで、解消できます。つまり、こうした時こそ、標準化の出番なのです。

◆子会社の数字は、ジグソーパズルのピースのようなもの

連結決算はパズルにたとえられることがあります。

確かに、連結決算は、経費伝票などの日常業務と異なり、理屈が前面に出て、テクニカルな処理が多く、パズルっぽいといえそうですね。

一方で、パズルはパズルでも、連結子会社の数字は、ジグソーパズルというたとえがピッタリ来るかもしれません。

連結決算という1枚の絵を完成させるための、ピースの一つ。

連結子会社の自由に任せると、そのままではハマらないピースができあがってしまいます。そのピースを親会社の方で、形を整えるとなると手間がかかりますので、あらかじめ連結子会社に指示をして、ぴったりハマるピースを作らせるようにします。

フォーマットやルールの統一の話も、このようにたとえると、イメージしやすいのではないでしょうか。

◆インストラクションと連結パッケージ

親会社から連結子会社への指示をインストラクションといいます。

連結子会社の経理担当者はインストラクションに基づいて、親会社へ報告を上げることになります。

報告内容の共通フォーマットを、連結パッケージといいます。

子会社は、インストラクションに基づき、連結パッケージを、期日までに、漏れなく正確に作成することで、連結決算の標準化および早期化が達成されるのです。

連結子会社のフォーマットを統一！

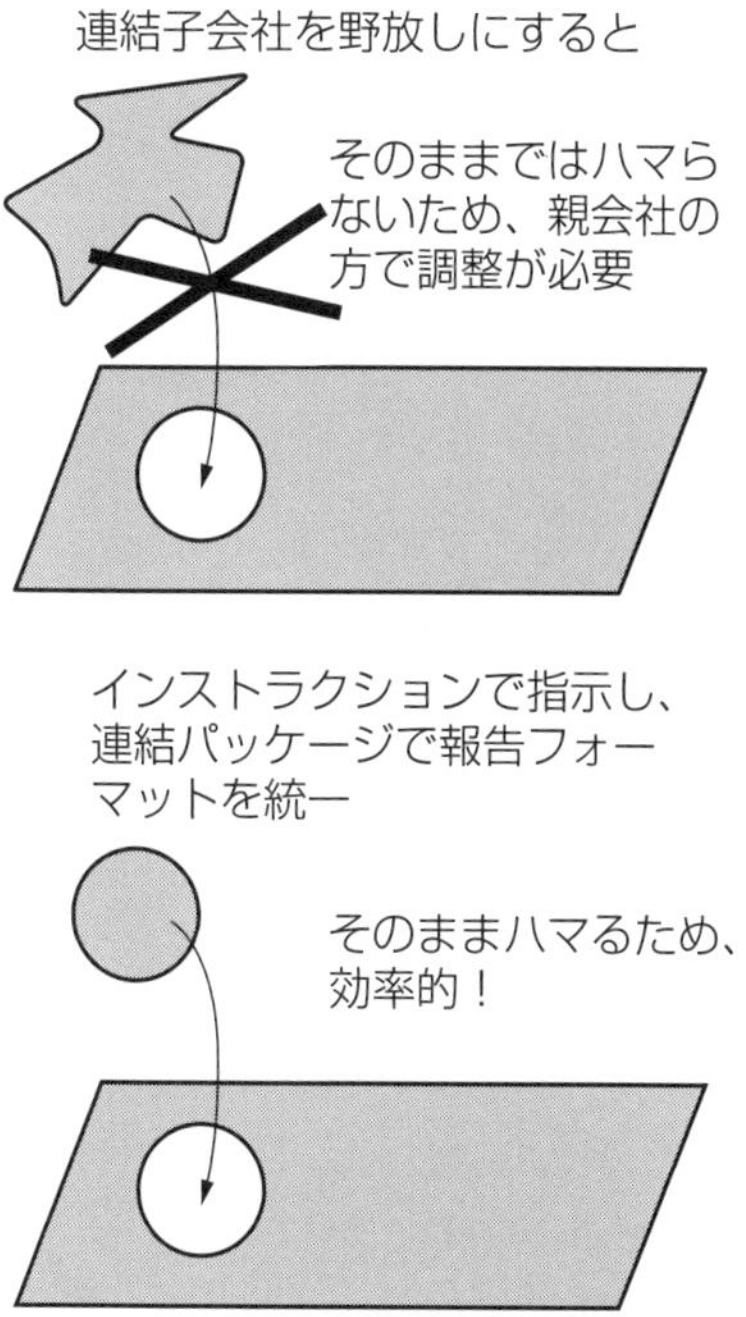

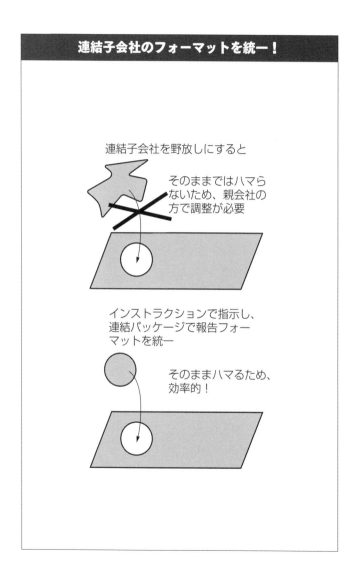

⑥ 標準化とBPO

◆自社内で経理業務の標準化を進めてみたいけれど

ここまで、経理業務の標準化と、その先にある決算業務の早期化について、順に見てきました。あとは、実践あるのみです。

しかし、実践となると壁が立ちはだかります。

ルール化やマニュアル、チェックリストなどを標準化の例として挙げましたが、標準化が進んでいない会社にとっては、それほど簡単ではないかもしれません。

というのは、そもそもあるべき形がわかっていないから、経理業務の無駄が生じているわけで、チェックリストを作ろうにも、チェックすべき事項がわからないといったケースもあるのではないか、ということです。

子会社決算についても同様ですね。そもそも、あるべき報告スタイルがわかっていな

いので、子会社に任せてしまっているというパターンですね。

そうしたケースでは、経理ルール等を整備しても現状維持がせいぜいで、決算の早期化にはつながらない可能性もあります。経理業務の標準化や決算業務の早期化が進まない会社では、むしろ、こうした事情を抱えている方が多いのではないでしょうか。

では、どうすれば、いいでしょうか。

◆外部のリソースを活用する

現状の経理リソースのみで対応しても、現状維持が精いっぱい。そのようなケースでは、思い切って、外部のリソースを活用すべきです。

確かに、一時的にコストはかかってしまいますが、現状のままで放置することや、効果が出ないルール整備等を進めるよりも、長い目で見れば、メリットの方が大きいはずです。

外部リソースの活用には、次のような方法が考えられます。

- 決算業務の早期化を推進できる人材を採用する。
- 外部の専門家からコンサルティングを受ける。
- 経理業務をBPO事業者に出してしまう。

それぞれ、メリット・デメリットがありますので、経理の置かれた環境に応じて、望ましい方法を選択することになります。

◆決算業務の早期化を推進できる人材を採用する

経理人員のコスト増加を負担できる会社であれば、現実的な方法といえます。実際に、現状の経理業務の中へ入って、より望ましい補助設定や、前倒しできる業務、無駄なＥｘｃｅｌ表などを指摘し、個々の業務改善を積み重ねることで、経理業務の標準化および決算業務の早期化を目指すことになります。

典型的な例は、ベンチャー企業などが、実務経験豊富な人材を他社から引き抜いて、経理部長に抜擢する、などといったケースです。

一方で、経理にかけるコストを増やしたくない会社には向かない方法です。また、決算早期化を推進できる人材か否かを見抜くことには、不確実性が伴います。採用した人材が、期待どおりに機能しなかった場合には、単なるコスト増で終わってしまうリスクも考えておく必要があります。

◆外部の専門家からコンサルティングを受ける

経理部門のコスト増加は不可であるが、一時的なコスト増加であれば許容できる会社に向く方法です。

うまく機能すれば、外部の専門家の指導により、経理業務の仕組みを抜本的に見直すとともに、現状の経理人員のスキルや意識が向上し、短期間で効率的に、経理業務の標準化および決算業務の早期化が達成できます。

一方で、外部の専門家のレベルが低かったり、現状の経理人員との間で意思伝達がスムーズに行かなかったりした場合には、単なる一般論の業務改善指導にしか過ぎず、形だけのコンサルティングで終わってしまう可能性もあります。

◆経理業務をBPO事業者に出してしまう

社外に経理業務を出すことに抵抗がない会社であれば、検討すべき選択肢です。特に、連結子会社の経理業務については、有力な手段といえるでしょう。

経理業務に特化したBPO事業者は、自らの業として、まさに経理業務の標準化や決算業務の早期化に取り組んでいます。

経理業務の品質とスピードを向上させるという結果に限っていえば、先に述べた二つの方法よりも、より確実性の高い方法といえます。

コスト面でも、自社内で経理部門を抱えるよりも、有利になる可能性があります。

一方で、経理業務を外部に出してしまうことに抵抗を覚える会社もあります。

そうした会社では、外部に出すことのデメリットと、BPOによるメリットとを比較し検討することになります。

第7章

経理業務の標準化・早期化事例

「標準化」および「早期化」された経理業務とはどのようなものでしょうか。本章では、標準化・早期化の具体的事例を見ていきましょう。

① 標準化を、たとえるとしたら？

◆実は力作業が多い経理業務

経理といえば、決算書を作る仕事なので、頭を使うデスクワークというイメージがあります。

しかし、実際に経理業務の現場での仕事を見てみると、淡々と伝票を起票し続ける業務など、力作業が多いというのも事実です。

一つ一つ伝票を重ねる作業は、とても地道で淡々と続けていくものですから、仮に、スポーツでたとえるなら、マラソンに近いかもしれません。

マラソンというスポーツの由来は、あまりにも有名ですね。あれほど長い距離を走り続けたのは、戦いに勝ったという情報を伝えるという目的があったからです。

経理が数多くの伝票を起票するのも、決算書や申告書という会社の情報を、経営者や経理はマラソンと同じくゴールを目指す！

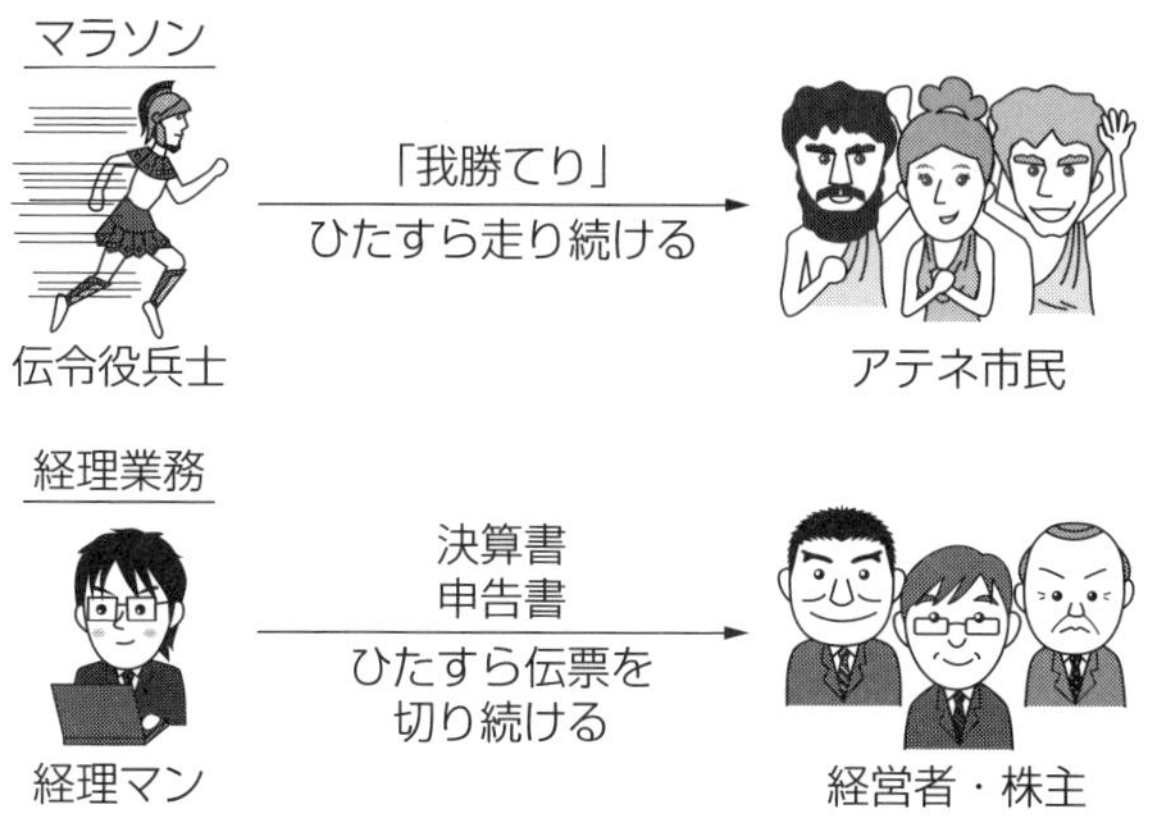

株主に伝えるためです。

そう考えると、経理業務をマラソンにたとえるのも、当たらずとも遠からず、そんな感じがしてきませんか？

◆実際にマラソンにたとえてみると

あまり目にすることはないと思いますが、経理マンが決算書や申告書を書きながら、社長や株主に向かって走っている姿をイメージしてみてください。

マラソン選手が道中で水分を補給して走り続けるのと同様に、経理マンは、請求書や給与データなど、日常業務や決算業務に必要な情報を要所要所で集めながら、伝票を積み重ねていきます。

マラソン選手がゴール地点のテープを切って、コーチや仲間と抱擁するのと同様に、経理マンは、決算報告の日に経営者へ決算情報の報告を行います。

ただし、経理の場合は、決算情報の妥当性を確保する必要がありますので、いったん伝票を入れ終えた後に、検証する作業が発生します。ゴール地点にたどり着いた後、報告まで間があるのです。

この検証の際に、ミス等があれば修正が必要です。ミスや処理の漏れが大きければ、一度戻って走り直すことにもなります。そこは少し違いますね。

どうでしょう、少しはイメージが湧きましたでしょうか？

では、経理マンが、早くゴール地点にたどりついて、かつ、正しい決算情報を伝えるために必要なことは何でしょうか？

それは、次のようなことです。

・コースを下見し、ペース配分を考える（スケジュール管理）
・最短距離を走る（経理業務のリストラ等）
・伝えるべき情報を研究し事前に準備しておく(アウトプットを意識した帳簿設計等)
・場合によっては乗り物を使う（システムの活用）
・細かいショートカットは許される（経理業務のメリハリ）
・優秀なコーチを雇う（専門家によるコンサルティング）
・自分より早く走れる人を雇う（経理BPO）

◆イメージの話から、標準化の具体例へ

具体例へ入る前に、さきほど挙げた7項目につき、補足をします。

■コースを下見し、ペース配分を考える（スケジュール管理）

発生主義に基づく決算では、締め日の設定など、スケジュール管理が重要になってき

ます。

決算に必要な情報が多岐にわたりますので、スケジュールに従って、経理側から情報を積極的に集めていく必要があるのです。経理処理に必要な情報が手許になければ、最悪の場合、手待ちが発生し、前に進まなくなってしまいます。

現金預金残高を合わせれば十分である現金主義とは、大きく異なる点ですね。


手待ちを防ぐためには、決算報告の日から逆算して、いつまでにどの資料が必要かを把握するとともに、多少の遅れを織り込みつつ、関連部署へ少し前倒しで締め日を周知し、遵守させることが必要です。

スムーズに業務を進めるためには、スケジュール管理が鍵になるのです。

スケジュール管理は、複数の年に渡って、実施していく必要があります。決算業務は、毎年、繰り返すことになるからです。

マラソン選手が自己ベストの更新を目指すように、個々の決算業務を前期よりも早く締めることを心掛けていれば、決算スケジュールが早くなります。

このような好循環を起こすには、決算スケジュールや日常業務のスケジュールを作成し、決算ファイルを整理するとともに実際の進捗を記録し、改善点を見つけ出し、次回につなげるというサイクルができている必要があります。

■最短距離を走る（経理業務のリストラ等）

走る距離が短ければ、当然、その分、早く到着できます。

経理業務においても、不必要な業務や重複するＥｘｃｅｌ表を省いて経理業務をスリムにしておけば、その分、早く決算書や申告書を完成させることができます。

また、仕事には手戻りが発生することがありますが、１枚の伝票を切るのに、何度も他部署へ確認しているようでは、早く走ることはできません。

経理業務に必要な情報を他部署から収集する際には、１回で全てを終わらせるような工夫が必要です。

経費の申請書や、売上の報告書のフォーマット改善などがその具体例です。

■伝えるべき情報を研究し事前に準備しておく（アウトプットを意識した帳簿設計等）

早く走れても、伝えるべき情報が間違っていれば意味がありません。

正しい情報を伝えるためには、何が必要でしょうか？

決算書や申告書には、ひな型があり、記載すべき情報が決まっています。

例えば、決算書や申告書で区分が必要な情報などは、伝票を入れる際にあらかじめ区分しておけば、伝票を入れた後にあらためて区分する必要がなくなります。

前章で、ジグソーパズルのたとえを出しましたが、これも似たような話ですね。

あらかじめ、決算書や申告書にあわせてピースの形を整えておけば、帳簿から決算書や申告書にスムーズに連携できるようになります。

補助コードや部門管理の活用などが、その具体例です。

■場合によっては乗り物を使う（システムの活用）

マラソンで乗り物を使うと失格になってしまいますが、経理業務では、必ずしも全ての業務を手作業で処理する必要はありません。

システムを使って効率化できるのであれば、コストと効果のバランスを考えつつ、積極的に活用すべきです。

具体例は、支払業務や固定資産管理などでのシステム活用です。

■細かいショートカットは許される（経理業務のメリハリ）

長い距離を走るわけですから、全てにおいて完璧を求めることは合理的ではありません。

決算書や申告書においても、細かいショートカットは許容されます。例えば、現金主義も、少額の経費などであれば、問題とされないケースも多いのです。

現金主義などの簡便的な処理をうまく活用して、決算情報の品質を保ちながら、よりスピーディーに決算を締める方法を模索してみることも大切です。

■優秀なコーチを雇う（専門家によるコンサルティング）

一流のスポーツ選手には、優秀なコーチがついています。

自社内での取り組みに行き詰まりが生じた場合など、外部の専門家からコンサルティングサービスを受けることも有効な手段となります。

■自分よりも早く走れる人を雇う（経理BPO）

これも実際のマラソンでやれば失格になりますが、経理業務では問題ありません。より早く正確な決算情報を経営者や株主に届けるために、BPO事業者と契約することが近道になることも多いのです。

自社の経理業務一式を委託するのが難しい場合でも、連結決算の一部であれば、出しやすいケースもあります。

連結決算を駅伝のようなものだと考えれば、連結子会社の決算など、一部の区間をBPO事業者に担当させ、大事な区間は自社で走るようなイメージです。

◆イメージから具体例へ

経理業務は細かいことの積み重ねです。経理業務の標準化を実施する場合も、やはり細かいことの積み重ねになります。

一つの業務改善だけではなかなか成果が見えにくいのも事実です。だからと言って、経理業務の標準化が中途半端な結果で終わってしまうのは残念なことです。

ここで取り上げたようなイメージを参考にしつつ、全体観を持って、経理業務の標準化を進めることができれば、より継続的な取り組みになるはずです。

とはいえ、イメージだけでは説明としては片手落ちですので、具体例を確認していきましょう。

②スケジュール管理を決算早期化へ活かす

◆決算早期化には締切を設定することが必要

締切がないと、人間は仕事を後回しにしてしまいがちです。日常の経理業務や決算業務も同様です。しかしながら、決算報告日だけを決めて、あとは良きにはからえ、ではうまく行きません。

経理業務は、細かい業務の積み重ねです。スケジュール管理も、細かい締切を積み重ねる必要があります。例えば、日常業務では、現金預金は毎日締める、月次決算においては、月初から、○営業日で売上を締め、同じく、○営業日で経費の申請は締め切って、○営業日には仮締め、その翌日に本締めをするなどといった形で、1日単位でスケジュールを組んでいきます。このようなスケジュール管理が、決算の早期化においては必要になります。

◆スケジュール管理の徹底

スケジュールは、作成するだけでなく、遵守することがより重要です。経理部が守るのは当然として、経費の申請をあげる部署等に締切を守らせることが必要です。経費精算の締切を守らないという話をよく耳にします。残念ながら、このようなケースでは、往々にして、他部署から経理がなめられていることが多いのです。締切を過ぎた申請に対しても、当初の期日どおり支払をしていないでしょうか？　スケジュール管理を徹底するためには、1日でも遅れた申請は、翌月に回すべきです。

決算早期化のためには、経理が他部署から嫌われ者になることも必要です。とはいえ、経理部門と関係部署との連携が悪くなると支障が出ますので、このような場合には、社長などの経営者がトップダウンで、締切を関係部署に遵守させることが必要です。

◆前倒し可能な業務を探す

立替経費の精算は、従業員と経理部門という社内だけで完結する業務ですので、締切を守れないはずがないのです。

立替経費の精算を重要な業務と意識していないため、後回しにしているのです。

ということは、意識を変えることができれば、逆に、前倒しも可能ということです。

こうした前倒しには経営者の助けが必要ですが、立替経費のほか、売上高の集計資料や給与データなども、社内で完結している場合は、前倒しで資料を入手できる可能性があります。

決算スケジュールを見直し、現状より前倒しできるものがないか、探してみましょう。

◆締切を守るために工夫をする

届いた請求書は、速やかに経理へ。

こうしたフローを徹底していても、取引先からの請求書の到着自体が遅ければ、意味がありません。このような場合、請求書の到着を待つという姿勢では、決算から経費が漏れてしまいます。

そこで、次のような工夫が必要になります。

・取引先と交渉して、早めに請求書を出してもらう。
・正式な請求書が無理でも、ＰＤＦで暫定版を入手する。
・請求書のペーパーレス化を利用してウェブサイト経由で請求書を入手する。
・前月と同額など、合理的な概算額を計上する（細かいショートカットは許されます）。

前倒しが攻めの工夫だとすれば、これらは守りの工夫といえます。
決算早期化のためには、スケジュールを守るという意識と工夫が必要なのです。

工夫を重ねて、より早い決算スケジュールを目指そう

・決算スケジュールは、細かい締切の積み重ね！
・決算スケジュールは、1日単位で作る！
・決算スケジュールは、必ず守らせる！
・前倒しの工夫と、遅らせないための工夫を！

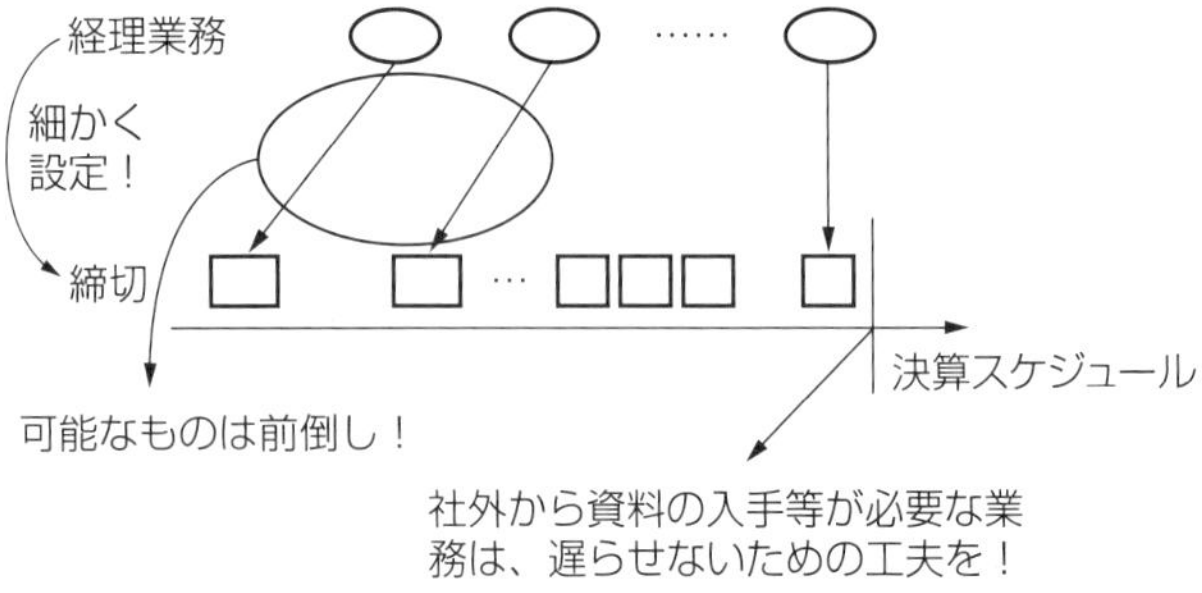

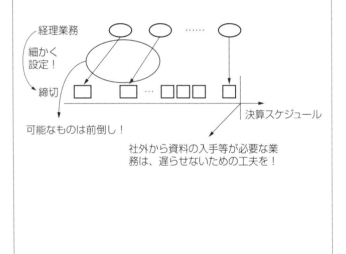

③経理業務をリストラしてスリム化

◆現金残高に意味はあるか？

帳簿を開いて、勘定科目を上から見ていくと、現金勘定がまず目に入ります。目立つので、現金勘定は必要不可欠のような印象を持ってしまいます。

しかし、決算書において、現金の残高がいくらあるか、という情報は重要でしょうか？

各店舗に一定の現金が必要な小売業などを除く一般的な会社では、現金の残高は少なく、現金に限定した残高情報はあまり意味がありません。

会社の資金繰りの状況は、預金残高があれば十分わかるからです。

◆なぜ小口現金を使うのか？

このように、決算情報としてはあまり意味のない現金ですが、小口現金として社内金庫に用意している会社も多くあります。

理由は、ちょっとした支払の際に便利だからです。

確かに、集金や出張費の前払いなどの時に、その場で支払ができれば便利なようにも見えます。しかし、経理の視点で見ると、現金の取扱いには、次のようなデメリットがあります。

- 銀行振込と異なり自動で入出金の記録が残らない。
- 私的流用などの不正が起きやすく、現物の管理に手間がかかる。
- 出張費の前払いなどの場合、精算まで経理処理が完結しない。

会社は、経理を中心に回っているわけではありません。しかし、こと小口現金に関していえば、経理面のデメリットを越えるメリットはありません。

◆削減にまさる標準化なし

可能であれば、小口現金は廃止することが望ましいといえます。

例えば、現金決済の取引先には請求書払いに変更するように交渉し、出張費等も全て経費精算として後払いの形で処理をする。このように、業務フローを少し変えるだけで、小口現金に関する業務一式をなくせます。

存在しない業務には工数が発生しませんし、当然、ミスも発生しません。

現金に関するルールやマニュアルを整備することでも標準化は進みます。しかし、業務そのものが「ない」状態を上回る品質やスピードを出すことは不可能です。

削減にまさる標準化はないのです。

◆他にも削減できる業務がないか確認してみよう

業務そのものを削減することは、非常に有効です。小口現金のほかに、削減できる可能性のある業務があれば、是非、検討してみるべきです。

例えば、手形取引を廃止できれば、かなりの工数が削減できますし、リースやレンタ

不要な業務をなくして経理をシンプルにすれば、標準化を進めることができる！

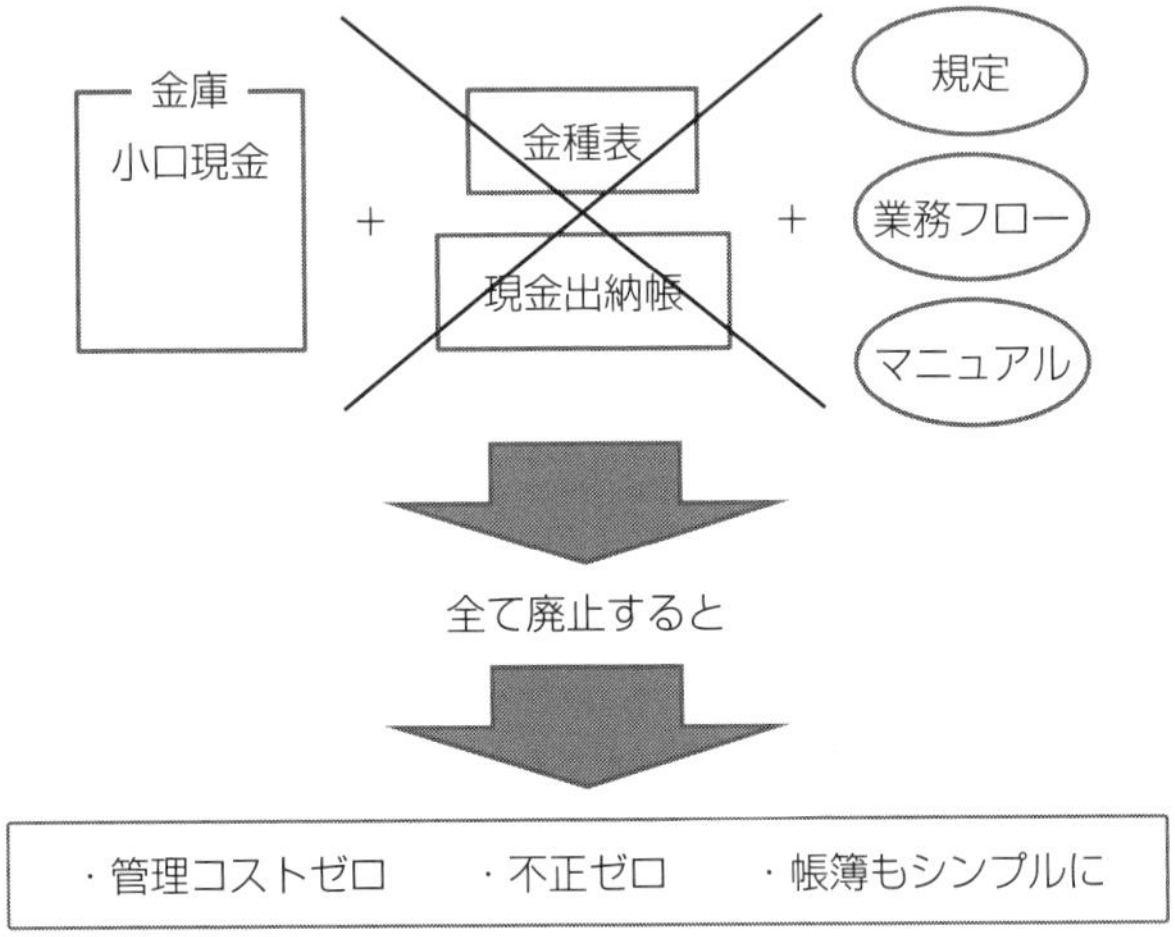

小口現金以外にも「あるよりもない方がよい」業務を洗い出してみよう！

ルをうまく活用することで、社用車やオフィス機器などにかかる固定資産の管理業務を軽減できます。

④経理が欲しい情報が集まる仕組みを作る

◆経理業務は経理部門だけで完結しない

経理がしっかりやれば、決算は早くなる。そう考える人がいるかもしれません。確かに、経理の努力なくして、決算業務の早期化はありえません。

しかし、経理だけが頑張っても、決算業務の早期化はできません。経理業務は経理部だけで完結しないからです。

立替経費の精算業務を例に考えてみましょう。

Ａさんが会社の用事でタクシーに乗って、運賃を支払いました。Ａさんは、タクシーの領収書を提出し、会社に支払を求めます。

経理部は、Ａさんから「会社の業務でタクシー代〇〇円を支払ったので、自分の口座に入金してください」という依頼が来て初めて、会社に経費が発生していることを知ります。

立替経費のほか、売上や仕入なども、同様です。経理部門に直接請求書が届くものを除き、経理部門は、他の部署から情報を得ないと、経理処理をすることができないのです。

つまり、決算業務の早期化のためには、経理部門以外の部署の協力も必要なのです。言いかえれば、**経理部門以外の部署も、経理業務の標準化に協力する必要があるのです。**

◆経理部門が欲しい情報は

経理部門が他部署から欲しい情報は、伝票の起票に必要な情報です。例えば、会食費が税務上の交際費にあたるか否か、といった情報です。税務上の扱いは１人当たり会食費が５０００円以下か否かで変わります。経理の立場からすると、会食費の申請にあたっては、会食の相手、人数、１人当たりの金額を明示して欲しいわけです。

経費の申請書にこれらの情報が書かれていなければ、経理担当者は申請者へ電話等で問合せをすることになります。

すぐに回答を得られれば、まだましですが、申請者が外出していて、回答を得るまで数日待つことになる場合など、そこで経理処理が止まってしまいますので、著しく非効率です。

◆申請書等のフォーマットに織り込んでおく

経理部門以外の部署の担当者へ、自発的に経理の視点を求めるのは困難です。また、担当者により報告内容にばらつきが生じてしまいますので、ここはルール化するという標準化の基本に立ち戻る必要があります。

申請書等のフォーマットに、あらかじめ経理部門が欲しい項目を記載欄として用意しておくのです。

立替経費であれば、発生日、金額、経費の内容に関する摘要などです。会食費の場合は、同席者の属性と人数、１人当たりの金額などを追加します。

売上であれば、事業所別の売上高や、商品別の売上高など、会計上の区分に対応した情報です。

ルールとフォーマットを整備することで、申請者への問合せなどの手戻りがなくなり、日常業務がよりスピーディーに進むことになります。

◆ここでも経理業務の削減を

経理部門以外の部署からの申請や報告の精度が上がると、伝票の起票がルーティン化していきます。ルーティン化した業務であれば、経理業務の経験の浅い者でも十分対応可能になります。さらに言えば、立替経費の種類は限られているため、勘定科目の判定に経理の知識や実務経験はそれほど必要ではなく、経理部門以外の申請者でも十分対応できます。5000円基準での交際費の判定などは、その例です。

経費の申請書のフォーマットに、勘定科目の判定のルールを添付しておくとともに、金額に関しては自動集計にしておけば、経理部門以外の申請者でも、仕訳の作成が可能になります。この場合、経理部門以外の部署の仕事が増えることになりますが、会社全体としては、業務が効率化されます。

仕事が増えることになる部署の不満を誘発しないためには、社長など経営者のトップダウンによる仕事の分担見直しが望ましいといえます。分担見直しにより、経理部門で行う作業はチェック業務や会計システムへの単純入力が中心になります。そのため、経理部門が勘定科目の判定から金額の集計まで行っていた時と比べて、業務の負担が軽減できますね。

経理部門は、業務削減により確保したリソースを他の業務に使うことで、決算の早期化をはかることになるでしょう。立替経費の細かい処理で経理部門のリソースを消費していた会社であれば、このような標準化を進めることで、かなりの効果が見込めるはずです。

経理にしかできない業務に特化して、効率化をはかろう！

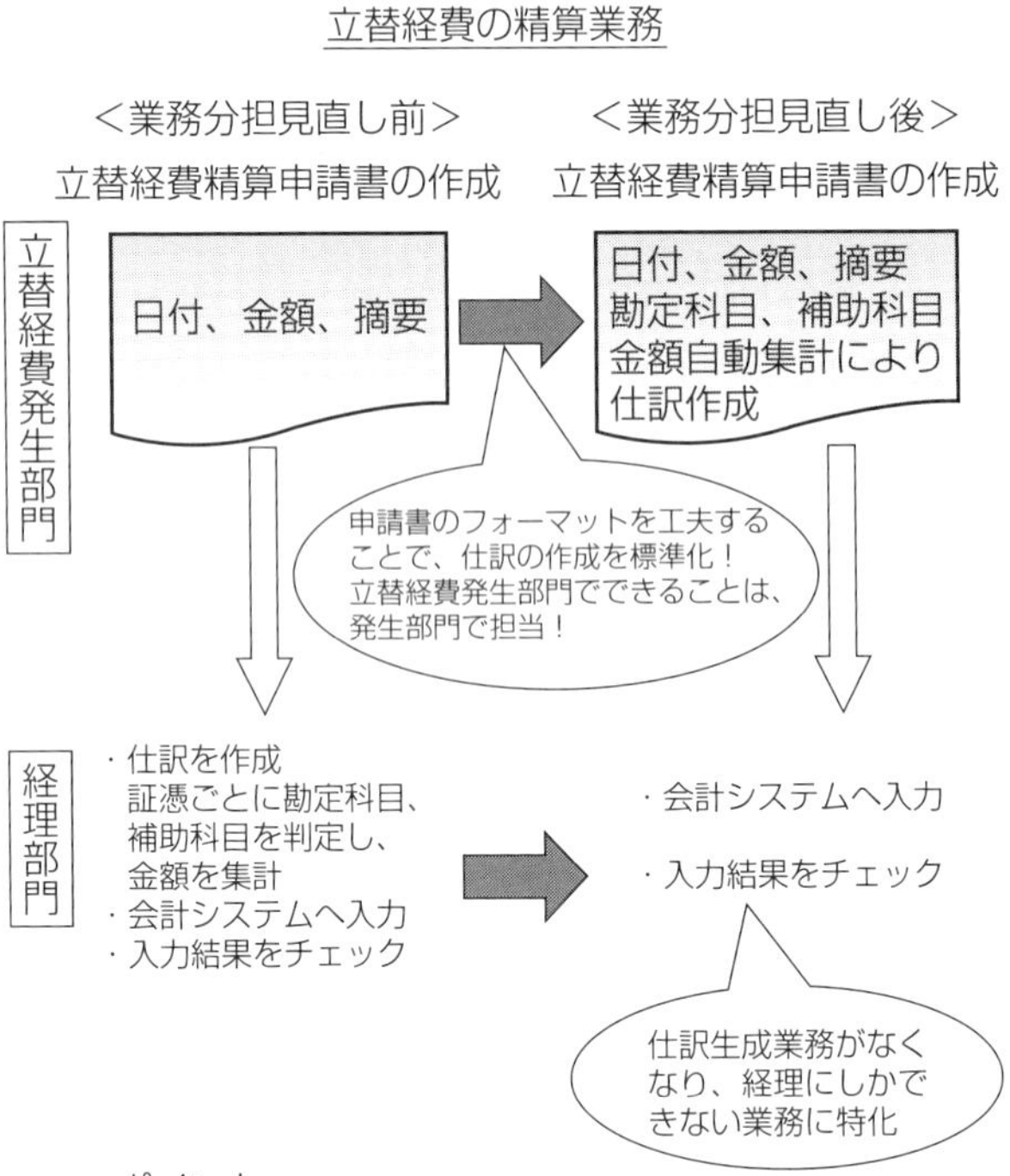
立替経費の精算業務
<業務分担見直し前>
立替経費精算申請書の作成
<業務分担見直し後>
立替経費精算申請書の作成
立替経費発生部門
日付、金額、摘要
日付、金額、摘要
勘定科目、補助科目
金額自動集計により
仕訳作成
申請書のフォーマットを工夫することで、仕訳の作成を標準化！
立替経費発生部門でできることは、発生部門で担当！
経理部門
・仕訳を作成
証憑ごとに勘定科目、
補助科目を判定し、
金額を集計
・会計システムへ入力
・入力結果をチェック
・会計システムへ入力
・入力結果をチェック
仕訳生成業務がなくなり、経理にしかできない業務に特化

ポイント

・会社全体として効率化を考えよう。
・業務分担見直しは、トップダウンで！
・経理部門は業務見直しにより確保したリソースを活用して、決算早期化を実現！

⑤ 将来を見据えた帳簿設計

◆経理業務は先が予想できる

「一寸先は闇」ということわざがあります。人生もそうですし、会社の将来も何が起こるかわかりません。

決算書は、その会社の業績を表すものですから、数字自体を前もって作ることはできません。しかし、業績が良くても悪くても、決算書は同じフォーマットで作成されますので、決算書においてどのような数字が必要になるのかは事前にわかるのです。

例えば、貸借対照表や損益計算書に表示する勘定科目の残高や、注記情報として必要になる項目などです。

税務申告書も同様です。

税額の計算は、税法のルールに従って計算されるので、その税法のルールに従って、事前に帳簿設計をしておけば、申告書の作成がよりスムーズに進むのです。

◆申告書がスムーズに進む補助コードとは

申告書の作成を見越して、税務の視点で補助コードを設定することは、それほど難しいことではありません。

例えば、

・**会社外部者との会食費について1人当たり5000円以下と5000円超とを区別する。**
（1人当たり5000円を超えるかどうかで交際費の扱いが異なります）

・**賃借料について共益費部分を区別する。**
（事業税の付加価値割の計算において、共益費を含める必要はありません。共益費を含めて計算すると、税金を払いすぎることになります）

・**従業者の給与を事業所ごとに区分する。**
（事業所税の計算において、事業所ごとの給与総額が必要になります）

などです。

申告書の作成を顧問税理士に一任している会社も多いと思います。

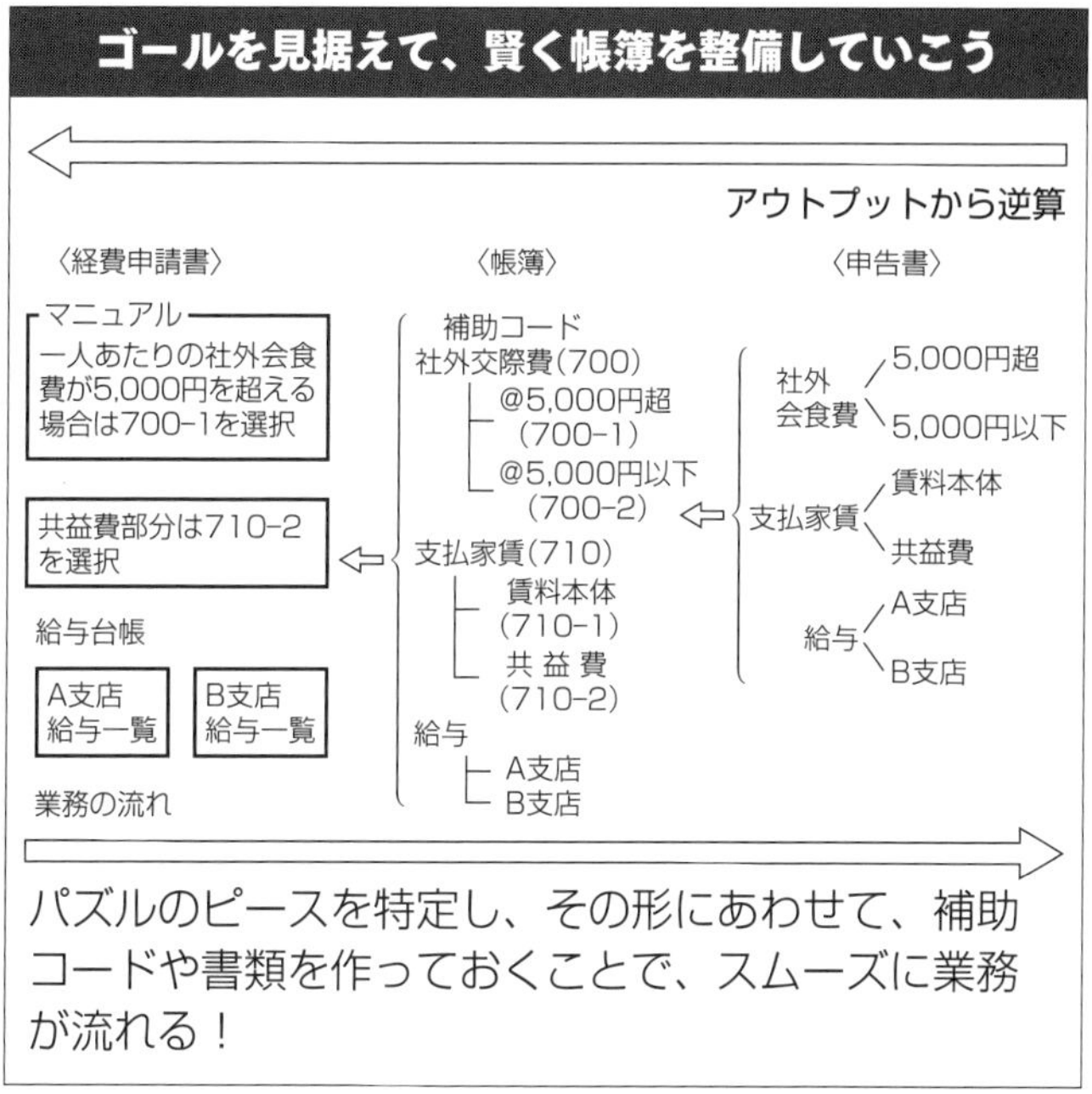

そのような場合、帳簿設計に税務の視点を入れずに、申告の際に、別途Ｅｘｃｅｌを作成していることが多いでしょう。

あらかじめ補助コードを設定し、伝票起票時から区分していれば、Ｅｘｃｅｌなど作る必要はなく、会計システムのボタンを1回押すだけで済むわけです。

最初の手間さえ惜しまなければ、Ｅｘｃｅｌを使用する場合と比べて、早くて正確な業務フローになるのです。

◆補助コードを使って、ミスの発見、適時修正

法人税の申告書には、勘定科目内訳明細の添付が必要です。制度上は、年度決算の時のみ、勘定科目内訳明細を作成すれば足りることになります。

しかし、せっかく、補助コードを設定するのであれば、もっと有効に活用したいものです。

補助コードを有効活用するためには、勘定科目内訳明細を毎月作成し、その内容を確認することが有効です。

経理業務のスリム化とは逆行しているように見えます。

しかし、勘定科目内訳明細を月次でチェックすることには、次のようなメリットがあります。

■効率的に伝票のミスが検出できる

入金や支払の期日（サイト）がある項目は、おおよその残高が予想できます。

仮にサイトが1ヶ月であれば、残高は1ヶ月分が残っているはずです。そこで、売掛金や未払金の補助残高で、2ヶ月以上のものや残高がゼロになっているものがあれば、これらにつき確認を行うことで、伝票のミスを効率よく見つけることができます。

■処理の漏れを検出できる

サイトが1ヶ月であれば、売掛金や未払金を消し込んだ段階で、残高がゼロになるはずです。

残高が残っているものを確認することで、支払漏れや、入金漏れを効率的に検出できます。

■連結会社間の処理の整合性を確認できる

連結会社間で、経費の立替などを行った場合、立替を受けた側の会社の処理が漏れることはよくあります。月次決算で、連結会社間の債権債務や取引高の一致を確認しておくことで、処理の漏れやミスを適時に解消できます。なお、取引先コードを連結会社ごとに付しておけば、連結会社ごとの取引高や残高が自動で集計されます。

工数の点からいえば、確かに、取引先コードは、最初に設定する際に工数がかかります。

しかし、一度設定してしまえば、多少のメンテナンスはあるものの、それほど工数はかかりません。月次での確認作業もそれほど、負担がかかる話でもないはずです。

月次決算の数字を作ることだけで終わっている会社と、月次で内訳レベルのチェックをしている会社とでは、後者の会社の方が、間違いなく、高品質な経理業務を行っています。

ミスを月次で解消している結果、年度決算において、ミスの修正等が少なくて済み、1年を通して見ると、経理業務の品質とスピードが向上する結果となるのです。

こまめにチェックすることで、早め早めにミスを解消していこう

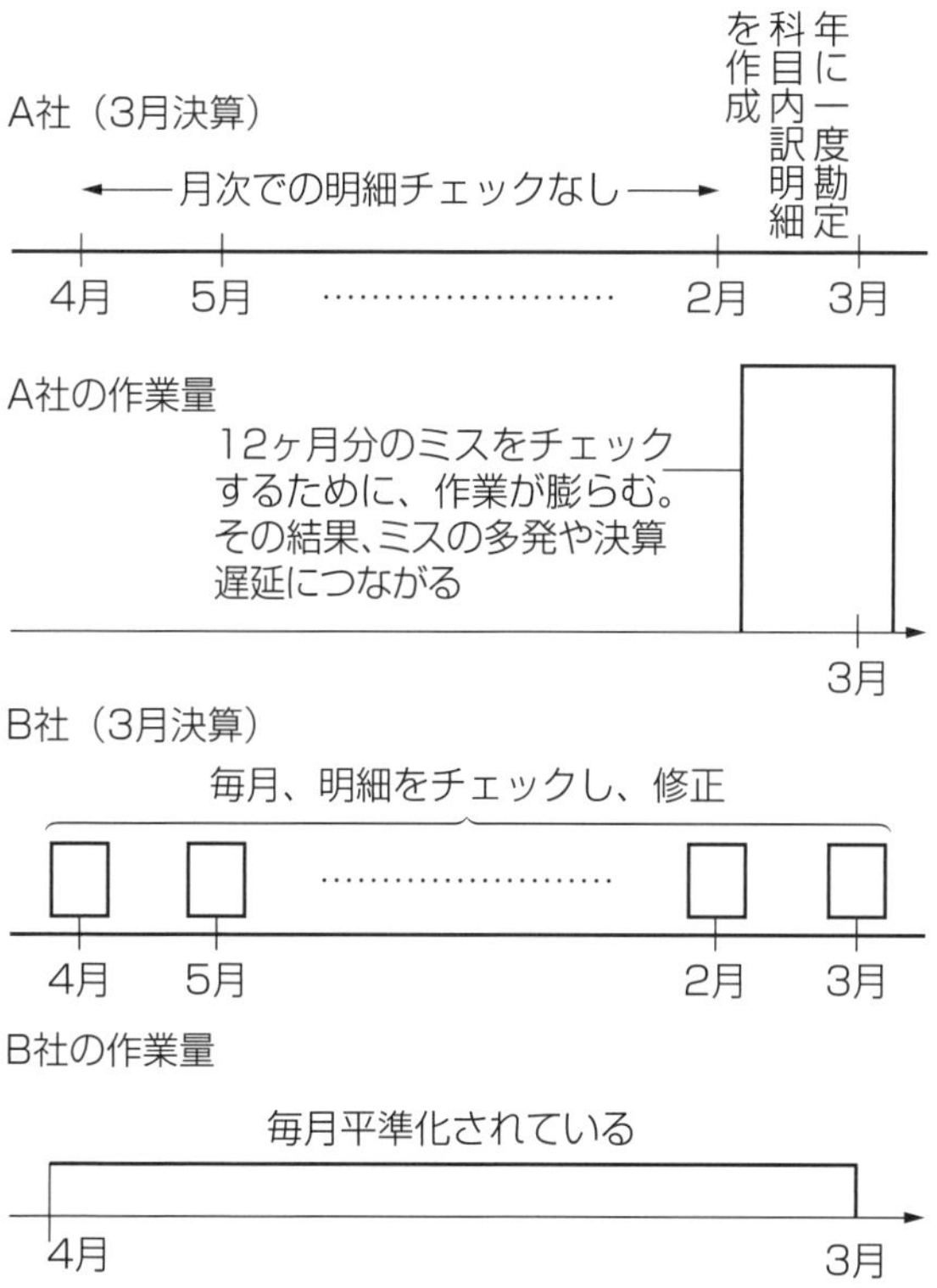
A社（3月決算）
年に一度勘定科目内訳明細を作成
月次での明細チェックなし
4月
5月
2月
3月
A社の作業量
12ヶ月分のミスをチェックするために、作業が膨らむ。その結果、ミスの多発や決算遅延につながる
3月
B社（3月決算）
毎月、明細をチェックし、修正
4月
5月
2月
3月
B社の作業量
毎月平準化されている
4月
3月

⑥ 作業が楽ちんになるシステムの導入は考えないと損！

◆経費精算って本当に面倒で時間がかかります

会社のために使った費用の精算のために毎週あるいは毎月といった一定の期間ごとに経費精算をされている方も多いと思いますが、面倒な作業ですよね。

特に電車の料金などは、手帳を見ながら経路を思い出して、その経路の料金をインターネットなどで調べて入力することになりますね。

経理部員の立場でいえば、従業員の方が作成した精算書をチェックして、仕訳を入れなければなりませんし、精算するお金を従業員の口座に振り込まなければなりません。

経費精算の作業のプロセスを順にして考えると、次のようになります。

従業員が、経費精算書を作成する
↓
精算額のうち電車代などはインターネット等を使って調べる

↓
作成した経費精算書を打ち出して上司に決裁をしてもらう
↓
決裁された経費精算書を経理に回覧する
↓
経費精算書を見ながら経理担当者が仕訳入力をする
↓
経費精算額を従業員の口座に振り込みするために、振込依頼書に記入する
↓
振込をした出金伝票を経理担当者が起票して入力する

実は、経費精算をするのにこんなに長いプロセスを踏んでいるのです。

特に、金額の入力に関しては、従業員が経費精算書を作成するのに1回、経理担当者が仕訳入力するのにもう1回、振込をするのにもう1回、振り込んだ出金伝票のためにもう1回と都合4回の入力が必要になっているのです。

◆ＩＴの力を使えば初回の作業が有効活用されます

これだけ入力回数が多いと、時間もかなりかかりますし、ミスも起きやすいですよね。

そこで、最近はＩＴを駆使した便利な経費精算システムが多数提供されています。クラウド環境で安くシステムを利用できるというのも最近の経費精算システムの特徴です。

実際、どれくらい便利になっているのでしょうか。

便利になっているポイントとして次のような点が挙げられます。

- 入力の回数が1回ですむようになっている。
- 交通費の料金は経路検索サイトと連動しているので算出が楽。
- 紙を打ち出さずにメールで上司や経理部門にデータが飛ぶ。
- 入力されたデータが仕訳にそのまま反映される。
- 従業員への振込額がインターネットバンキングのデータとして利用できる。

簡単にいうと従業員の方が入れた情報が、そのまま仕訳や送金情報として二次利用でき、経理部門の方は、内容が正しいかどうかだけをチェックすればいいのです。作業時間も大幅に減りますし、チェックに力を注ぐことができるので、精度も上がることになります。

また、入力をする従業員の方も、支払内容を選べば自動的に勘定科目が紐付くようになるので、経理に詳しくなくても勘定科目を間違えることが少なくなります。面倒だった電車代の計算も経路検索サイトと連動しているので、電卓も使わずに簡単に算定ができます。さらに、定期代が支給されている区間は自動的に金額を控除してくれるので、従業員としては、その分をわざわざ算定する必要もありませんし、経理としては間違って過大請求となっている申請であるかどうかのチェックもかなり軽減がされると思います。

さらに、入力した結果が自動的にメールで上司や経理部門に伝達されて、所定のシステムにアクセスすれば決裁等ができるので、紙をもって回覧するという手間もなくなります。

経費精算システムを導入すると業務の流れが次のように変わって、**「楽ちん」**が実現するのです。

従業員が、経費精算システムにデータを入力

↓

精算額のうち電車代などは経路検索サイトと連動しているので算出が「楽ちん」

↓

作成した精算書はボタン一つで上司に送信できるので「楽ちん」

↓

上司もボタン一つで精算書を経理に回覧できるので「楽ちん」

↓

精算書のデータを仕訳に取り込めるので経理担当者は入力いらず「楽ちん」

↓

精算額を従業員の口座に振り込みするためのデータは、自動で取り込みできるので「楽ちん」

↓

振込をした出金伝票は自動で起票されるので経理担当者は「楽ちん」

「楽ちん」マークがたくさん付きましたね。

経費精算システムの他にも、取引先からものを購入する際に利用する購買システムでも同様の流れで「楽ちん」は実現できます

ＩＴを駆使することで「楽ちん」は実現しますので、検討の価値はありますね。

無駄な二重、三重作業から解放されて、捻出した時間を他のことに使うようにしましょう。

経費精算システムが経理業務２度打ちをなくす

Before
従業員が入れたデータと同じデータは経理でも2度、3度入力が必要
電車代を調べるの大変だし、定期区間を考えると時間がかなりかかなるなぁ、それに勘定科目はよくわからない
従業員
部下の金額が合っているのか、確認するのが面倒だし、決裁したら経理に回覧しないといけないなぁ
上司
経理でも改めて仕訳の入力をするために勘定科目や金額を打たなければいけないし、大変だなぁ
経理部門
精算書作成
精算書承認
仕訳作成、送金データ作成
After
従業員が入れた情報を経理部門で利活用ができる!!
経路検索して、金額出してくれるし、勘定科目が分からなくても入力完了できるから楽ちん!
従業員
画面の承認だけで済むなんて楽ちん!
上司
入力された結果を活かすことで、数値や勘定科目の入力をしなくていいからて楽ちん!
経理部門
データ入力
データ承認
仕訳生成、資金送金
楽ちんの実現!!
・経路検索
・定期区間も自動控除
・メールで上司に配信
・勘定科目と連動
楽ちんの実現!!
・画面で承認するだけ!
楽ちんの実現!!
・入力データを仕訳に自動取り込み
・送金データをもとに銀行振込
・送金結果を仕訳に自動取り込み

⑦ 簡便的な処理を使って、経理にメリハリを

◆現金主義が許される場合もある

正しい決算を組むには、発生主義に基づく処理が必要です。

前章で説明したとおり、現金主義では決算書の品質が確保できないからでしたね。

では、全ての経費について発生主義での処理が必要なのでしょうか？

例えば、本社を構えていれば、水道光熱費や電話代などが発生します。これらの経費は、通常、大きな金額ではなく、毎月の発生額もそれほど大きく変動しません。

このような少額で、毎月安定的に発生する経費についても、発生主義での処理が求められるのでしょうか？

このような問いには、基本に立ち返って考えるのがコツです。

決算書は、必ずしも、１円単位まで正確であることは求められていません。

ということは、現金主義の問題点は、金額の大きい経費等が支払のタイミングまで計上されない場合に、月次の決算が歪んでしまうことなのです。

逆に言えば、現金主義で処理をしても、月次の決算が歪まない程度の金額の経費等であれば、必ずしも、発生主義にこだわる必要はないのです。

現金主義は、発生と支払の2回伝票を入れる発生主義と比べて、支払のタイミングで1回伝票を入れればよいので、経理の負担が少なくて済みます。

また、請求書等を早く集める必要がありませんので、経理の業務量を減らすことができるというメリットもあります。

品質と工数は、どうしてもトレードオフの関係になります。

限られた経理部門のリソースで決算業務を行うわけですから、品質面で問題が起きないのであれば、現金主義のメリットを活かして、経理業務の効率化をはかることが合理的といえます。

◆真面目すぎるのは無意味

少額の経費にまで、杓子定規に発生主義を適用する必要はありません。同様に、全ての摘要を細かく書く必要はありませんし、計上の日付も、月がずれていなければ問題ないケースもあるのです。

仮に、支払日がバラバラの電話代が１０回線分あったとします。

これらの電話代に関して、月末の日付で一括して、金額も合計で、摘要「電話代」とだけ書いて記帳すれば、１回線ごとに事細かに伝票を入れる場合に比べて、かなり工数の節約になります。

ただし、消費税法上は「誰に、いつ、何に対して、いくら払ったか」を記録した帳簿を残しておく必要があります。

ここでいう帳簿は、総勘定元帳である必要はないので、少額経費を会計伝票上まとめて起票する場合は、別の書類、例えば、経費の申請書などに、個々の回線ごとの電話代を記載しておく必要があります。

◆大切なのは事前のルール化

現金主義での計上や費用等の集約計上は、うまく活用できれば、経理業務を効率化し、決算業務の早期化につながります。

一方で、現金主義の濫用は、経理業務の品質を損ねてしまうリスクがあります。本来なら発生主義で計上すべき費用等を、現金主義で計上してしまう場合などです。

経理業務の品質に影響を与えるか否かは、判断の問題です。恣意的な処理にならないように、現金主義や集約計上で処理をしても問題がない金額的な基準等を、経理のルールとして事前に用意しておくことが必要です。

ルールに基づいて、経理業務の品質を確保しつつ、簡便的な処理を活用して経理業務にメリハリをつけることも、経理業務の標準化の一つなのです。

⑧ 専門家によるコンサルティングサービス

◆どのようなサービスなのか

スポーツの世界でも、コーチによって指導方法が異なるように、コンサルティングと一言でいっても、サービスの内容はさまざまですが、例えば、次のようなサービスがあります。

◆仕訳の分析から要改善点を探す

会計分野の専門家であれば、さまざまな会社の帳簿を見る経験を積んでいます。実際に、BPO事業者の場合、見積りを立てる際に、決算書の他、仕訳を確認し、その工数を見積もることをします。受託後も、仕訳の改善を重ねています。

そのような経験から、経理業務の標準化が進んでいる他社の例と比べて、コンサルティングサービス提供先の会社の帳簿の特徴や問題点を洗い出すことが可能になります。

・預金の仕訳が決算日を過ぎてから入っているが、預金の締めが遅いのではないか？
・売掛金や未払金がサイトどおりに消し込みができていないが、その理由は何か？
・金額の大きい費用が現金主義で計上されているが、請求書の締め等のスケジュール管理は適切に機能しているのか？
・決算仕訳として、日常業務で起票してもおかしくない仕訳が入っているが、この仕訳が遅延している理由は何か？

などといった問題点を丁寧に拾った後は、原因の確認とその改善点を提案し、業務プロセスの改善や決算スケジュールの見直しを行い、経理業務の標準化を目指します。

専門家によって視点や姿勢が異なりますので、コンサルティングサービスを受ける際には、事前に内容等を確認することが大切ですが、こうしたサービスにニーズがあるのであれば、コンサルティングサービスを検討してみてはいかがでしょうか。

BPO 導入チェックリスト

＜検討編＞

Step	項目	細目	Check 欄
Step1	BPO 導入の可否の検討	自社の現状について分析する（SWOT 分析）	
		事象を解決するための手段を列挙	
		BPO を含めた全ての手段についてメリット・デメリットを検討	
		BPO 対象業務の洗い出し	
		BPO 対象候補業務の選定	
		BPO 導入までのスケジュール策定	
		BPO 導入プロジェクトメンバー決定	
		社内業務関連者ヒアリングおよび事前説明	
		関連部署との調整	
		BPO 対象業務の決定	
		BPO 導入後の対象部署の体制検討	
		関連契約等の確認（派遣契約、顧問契約の契約・解約等の検討）	
		効率化、システム化の検討	
Step2	BPO 事業者の選定	インターネット等での BPO 事業者候補の情報収集	
		BPO 事業者選定時の基準、チェック項目の決定	
		自社情報開示範囲の決定	
		自社開示情報についての情報収集・文書化	
		秘密保持契約文面等の決定	
		（BPO 事業者から共通フォームでの情報収集をする場合）フォームおよび案内文の作成	
		BPO 事業者候補（数社）の決定	
		BPO 事業者候補との面談の設定	

		BPO 事業者からの共通フォームでの情報収集	
		BPO 事業者からの見積書の収集	
		BPO 事業者の決定	
Step3	契約	業務範囲の最終確認	
		(Step2 において概算見積りの収集であった場合) 確定見積書の提示依頼	
		契約書文面の確認	
		業務開始時期の決定	

＜運用編＞

Step	項目	細目	Check 欄
Step1	BPO 導入後の体制についての共有	BPO 対象部門社員への対象業務範囲等の共有	
		BPO 後の社内管理体制の決定	
		BPO 事業者側の管理体制の確認	
		BPO 導入スケジュールの決定	
		BPO 導入後に変更となるフローの確認	
		BPO 事業者への資料提出期限、BPO 事業者からの納期等確認	
		(必要に応じて) 申請書等の書式改訂	
		社内関連部署へ書式改訂・BPO 後の資料提出期限等の周知	
		BPO 事業者への業務引継	
		会計処理方針・税務処理方針の共有	
Step2	BPO 導入後の見直し	BPO 事業者側の管理体制の定期確認	
		BPO 導入後のフロー等の問題点の確認・改善等	
		さらなる BPO 対象業務の切り出しの検討	
		(BPO 事業者が複数にまたがっている場合) BPO 事業者集約の検討	

【監修者紹介】

本郷 孔洋

公認会計士・税理士　辻・本郷 税理士法人　代表社員兼理事長

経営者が抱える税務会計、事業承継等の問題解決に、常に迅速に尽力することをモットーとしている。

「稼げる税理士になる方法」(すばる舎リンケージ)、「わかる!環境経営」(PHP ビジネス新書) などがある。

【執筆者紹介】

■中尾 篤史

公認会計士・税理士

CS アカウンティング株式会社　専務取締役

日本公認会計士協会 租税調査会 租税政策検討専門部会・専門委員

著書に「たった3つの公式で「決算書」がスッキリわかる」(宝島親書)「コレだけは知らなきゃヤバイよ!会計」(すばる舎)、「対話式で気がついたら決算書が作れるようになる本」「4週間でマスターできる経理・財務基本テキスト」「経理・財務お仕事マニュアル」(税務経理協会)、「経理・財務スキル検定［FASS］テキスト&問題集」(日本能率協会マネジメントセンター)、「節約法人税のしくみ」(祥伝社)、「はじめてのキャッシュフロー」(大成出版社)、「在庫管理がわかる」(実業之日本社)、「企業組織再生プランの法務&税務」(清文社) などがある。

■平野 真理子

税理士

CS アカウンティング株式会社　経理管理事業部　第二部　部長

著書に『経理・財務お仕事マニュアル』、『経理実務 (請求書、領収書編)』(税務経理協会) がある。

■伊藤 元一
公認会計士
CS アカウンティング株式会社　大阪支店　グループリーダー
著書に『経理実務（小切手、手形編）』（税務経理協会）がある。

【会社紹介】

CS アカウンティング株式会社

国内最大級の会計・人事のアウトソーシング・コンサルティング会社であり、約 150 名の公認会計士・税理士・社会保険労務士などのプロフェッショナル・スタッフによって、上場企業や中堅企業を中心に会計・税務、人事・労務に関するアウトソーシング・コンサルティングサービスを提供している。

日本の経理・人事の BPO サービスの草分け的存在で、クラウドサービスも提供し、会計・人事の課題をワンストップで解決している。

東京本社　〒 163-0630
東京都新宿区西新宿 1-25-1　新宿センタービル 30 階
電話番号：03-5908-3421　／　FAX 番号：03-5339-3178

大阪支店　〒 541-0045
大阪府大阪市中央区道修町 4-6-5　淀屋橋サウスビル 6 階
電話番号：06-6226-0266　／　FAX 番号：06-6226-0267

URL：http://www.cs-acctg.com/

編著者との契約により検印省略

平成27年3月20日　初 版 発 行

BPOの導入で会社の経理は
軽くて強くなる
アウトソーシング・経理標準化の手引き

監 修 者	本　郷　孔　洋
著　　者	CSアカウンティング株式会社
	中　尾　篤　史
	平　野　真　理　子
	伊　藤　元　一
発 行 者	大　坪　嘉　春
製 版 所	美研プリンティング株式会社
印 刷 所	税 経 印 刷 株 式 会 社
製 本 所	株式会社　三森製作所

発行所　東 京 都 新 宿 区 下落合2丁目5番13号　株式会社　税 務 経 理 協 会

郵便番号　161-0033　振替　00190―2―187408　電話 (03) 3953―3301（編集代表）
FAX (03) 3565―3391　(03) 3953―3325（営業代表）
URL　http://www.zeikei.co.jp/
乱丁・落丁の場合はお取替えいたします。

ISBN978―4―419―06235―4　C3034